बैबिलॉन का सबसे अमीर आदमी

बैबिलोन का सबसे अमीर आदमी

आपके सामने आपका भविष्य; उस फ़ासले को कम करने वाली सड़क की तरह फैला हुआ है, जिस रास्ते पर वह महत्त्वाकांक्षाएं हैं, जिन्हें आप हासिल करना चाहते हैं... और वह इच्छाएं भी, जिन्हें आप पूरा करना चाहते हैं।

अपनी महत्त्वाकांक्षाओं और इच्छाओं को पूरा करने के लिए सफलता के साथ-साथ आपके पास पैसा भी होना चाहिए। यहाँ भीतर के पृष्ठों में बताए गए आर्थिक सिद्धांतों का उपयोग करें। इन सिद्धांतों से सीखें कि खाली पर्स की तंगी को कैसे समाप्त किया जाए। पैसों से भरा पर्स सुखी जीवन को संभव बनाता है। इसी पर आधारित यह सिद्धांत आपका जीवन की आर्थिक यात्रा में मार्गदर्शन करेंगे।

गुरुत्वाकर्षण के नियम की तरह यह सिद्धांत भी सार्वभौमिक और अपरिवर्तनीय हैं। क्या यह सिद्धांत आपके लिए भी उसी तरह लागू नहीं हो सकते, जैसा कई अन्य लोगों के लिए हुए हैं; एक पैसों से भरे पर्स की निश्चित कुंजी, बड़ा बैंक-बैलेंस और संतोषजनक वित्तीय प्रगति।

इस दुनिया में उन लोगों के लिए भरपूर मात्रा में
धन उपलब्ध है, जो इसे अर्जित करने के
सरल नियमों को जानते हैं।

1. अपने पर्स को मोटा बनाना शुरू करे।

2. अपने खर्चों पर नियंत्रण रखें।

3. अपने सोने में वृद्धि करें।

4. अपने ख़ज़ाने को नुकसान से बचाएं।

5. अपने घर को लाभदायक निवेश बनाएं।

6. भविष्य की आय को सुनिश्चित करें।

7. अपनी कमाई करने की क्षमता बढ़ाएँ।

बैबिलोन का सबसे
अमीर आदमी

- धन से ही आपकी सांसारिक प्रतिष्ठा आंकी जाती है।

- धन की बदौलत दुनिया की हर चीज़ का आनन्द लिया जा सकता है।

- धन उन लोगों के पास आसानी से आता है, जो इसे प्राप्त करने के सरल नियम को जानते हैं।

- दौलत का वह नियम आज भी वैसा ही है, जो कभी अब से छह हजार साल पहले बेबीलोन के व्यक्तियों के समय था।

लेखक के बारे में

जॉर्ज क्लैसन लुइसीनिया, मिसूरी, में 7 नवंबर 1874 में पैदा हुए थे। उन्होंने यूनिवर्सिटी ऑफ नेबरास्का में पढ़ाई की और स्पेनिश अमेरीकन युद्ध में यूनाइटेड स्टेट्स आर्मी में सेवा दी। सन् 1926 में उन्होंने कमखर्ची और वित्तीय सफलता पर पंफ्लेट्स की प्रसिद्ध सीरीज निकाली, जिसमें प्राचीन बेबीलोन की कहानियों के जरिए चीजों को समझाया गया था। ये बैंक और बीमा कंपनियों द्वारा भारी मात्रा में बांटा गया और लाखों लोगों में लोकप्रिय हुआ और इनमें सबसे प्रसिद्ध था "बेबीलोन का सबसे अमीर आदमी"।

अनुक्रम

प्रस्तावना   11

1. बैबिलोन का ऐतिहासिक रेखाचित्र   13

2. वह आदमी जिसे सोना चाहिए था   19

3. बैबिलोन का सबसे अमीर आदमी   26

4. खाली पर्स के लिए सात इलाज़   37

   पहला इलाज़   :   अपने पर्स को मोटा बनाना शुरू करें   40

   दूसरा इलाज़   :   अपने खर्चों पर नियंत्रण रखें   43

   तीसरा इलाज़   :   अपने सोने में वृद्धि करें   45

   चौथा इलाज़   :   अपने ख़ज़ाने को नुकसान से बचाएं   47

   पांचवां इलाज़ :   अपने आवास को एक लाभदायक निवेश बनाएं   49

   छठा इलाज़   :   भविष्य की आय को सुनिश्चित करें   50

   सातवां इलाज़ :   अपनी कमाई करने की क्षमता बढ़ाएँ   52

5. सौभाग्य की देवी से मिलें   55

6. सोने के पांच नियम   68

7. बैबिलोन का स्वर्ण ऋणदाता   81

8. बैबिलोन की दीवारें — 94

9. बैबिलोन का ऊंट व्यापारी — 98

10. बैबिलोन की मिट्टी की पट्टियाँ — 110

11. बैबिलोन का सबसे भाग्यशाली आदमी — 123

प्रस्तावना

एक राष्ट्र की समृद्धि, उसके प्रत्येक नागरिक की आर्थिक समृद्धि पर निर्भर करती है।

यह पुस्तक हमारी व्यक्तिगत सफलताओं से संबंधित है। सफलता का अर्थ है - हमारे अपने प्रयासों और क्षमताओं के परिणाम स्वरूप मिलने वाली उपलब्धियां। उचित तैयारी ही हमारी सफलता की कुंजी है। हमारे कार्य हमारे विचारों से अधिक बुद्धिमान नहीं हो सकते हैं। हमारी सोच हमारी समझ से ज्यादा होशियार नहीं हो सकती हैं।

खाली पर्स के इलाज़' की इस पुस्तक को आर्थिक ज्ञान के लिए एक मार्गदर्शक कहा गया है। वास्तव में, इसका उद्देश्य है : आर्थिक सफलता के लिए महत्वाकांक्षी लोगों को एक अंतर्दृष्टि प्रदान करना है, जो उन्हें धन प्राप्त करने, धन रखने और अपनी बचत से अधिक धन अर्जित करने में सहायता करेगा।

पुस्तक के भीतरी पृष्ठों में, हमें बैबिलोन ले जाया जाता है, ख़ास तौर पर पालने में, जिसमें वित्त के बुनियादी सिद्धांतों का पोषण किया गया था, जिसे अब दुनिया भर में मान्यता प्राप्त है, और जिसका दुनिया भर में उपयोग किया जाता है।

नए पाठकों से लेखक यह आशा करते हैं कि यह पुस्तक उनके बढ़ते बैंक खातों, अधिक आर्थिक सफलताओं और कठिन व्यक्तिगत आर्थिक समस्याओं के समाधान के लिए प्रेरणा देगी, जैसा कि दुनिया भर के पाठकों द्वारा माना भी गया है।

जिन व्यवसायिक अधिकारियों ने इन कहानियों को मित्रों, रिश्तेदारों, कर्मचारियों और सहयोगियों को बड़ी ही उदारता के साथ साझा किया है, लेखक उन सभी को इस अवसर पर अपनी कृतज्ञता व्यक्त करते हैं।

बैबिलोन प्राचीन दुनिया का सबसे धनी शहर इसलिए बन गया, क्योंकि इसके नागरिक अपने समय के सबसे अमीर लोग थे। क्योंकि उन्होंने पैसों के मूल्य को समझा और इसे पोषित किया। उन्होंने धन अर्जित करने, धन रखने और अपने धन से अधिक धन अर्जित करने के लिए ठोस वित्तीय सिद्धांतों का निरंतर अभ्यास किया। उन्होंने अपने लिए वह सब कुछ तैयार किया, जो हम सभी चाहते हैं... क्या वाकेइ नहीं चाहते - भविष्य के लिए एक उचित आय।

– जार्ज एस. क्लासन

बैबिलोन का ऐतिहासिक रेखाचित्र

इतिहास के पन्नों में बैबिलोन से ज्यादा आकर्षक शहर कोई दूसरा नहीं है। इसका नाम ही धन और वैभव को दर्शाता है। यहाँ सोने और जवाहरात के अत्थाह ख़ज़ाने माज़ूद थे। स्वाभाविक रूप से यह ऐसे समृद्ध शहर को चित्रित करता है, जो उष्णकटिबंधीय विलासिता जैसे उपयुक्त स्थान में स्थित होगा, जो धातुओं कि खदानों, जंगलों और समृद्ध प्राकृतिक संसाधनों से घिरा हुआ होना चाहिए था, परंतु यह सच नहीं था। यह यूफ्रेट्स नदी के किनारे एक समतल, शुष्क घाटी में स्थित था। उसके पास कोई जंगल नहीं था, न कोई खदान थी - यहाँ तक कि इमारत के लिए पत्थर भी नहीं थे। यह प्राकृतिक समुद्र के किसी व्यापार मार्ग पर भी स्थित नहीं था। बारिश फसल उगाने के लिए पर्याप्त नहीं थी।

बैबिलोन एक उत्कृष्ट उदाहरण है, जो हमें सिखाता है कि उपलब्ध संसाधनों का प्रयोग करते हुए भी मानवीय क्षमता से महान लक्ष्य प्राप्त किए जा सकते हैं। इस बड़े शहर का समर्थन करने वाले सभी संसाधन मानव-विकसित थे। इसकी सभी संपत्तियां मानव निर्मित थीं।

बैबिलोन के पास केवल दो प्राकृतिक संसाधन थे - एक उपजाऊ मिट्टी और दूसरा नदी का पानी। इंजीनियरिंग की अबतक की बड़ी उपलब्धियों में से एक बैबिलोन के इंजीनियरों की इंजीनियरिंग थी। उन्होंने एक महान योजना बनाकर बांधों और विशाल सिंचाई नहरों के द्वारा नदी के पानी की दिशा बदल दी। ये नहरें शुष्क घाटी में दूर तक गईं, और उपजाऊ मिट्टी को जीवन देने वाले पानी से सिंचित किया। इस तरह यह इतिहास के लिए ज्ञात पहले इंजीनियरिंग कारनामों में शुमार है। इस सिंचाई प्रणाली प्रचुर मात्रा में फसलों का उत्पादन हुआ, जिसे दुनिया ने पहले कभी नहीं देखा था।

सौभाग्य से, अपने लंबे अस्तित्व के दौरान, बैबिलोन पर राजाओं की क्रमिक वंश का शासन था, जिनके लिए विजय और लूट आकस्मिक थी। फिर भी कई देश इसके साथ युद्धों में लगे हुए थे, इनमें से अधिकांश स्थानीय थे या अन्य देशों के महत्वाकांक्षी थे, जिन्होंने बैबिलोन के शानदार खजाने को पाने की लालसा की थी। बैबिलोन के उत्कृष्ट शासक इतिहास में अपनी बुद्धि, उद्यम और न्याय के कारण विख्यात हैं। बैबिलोन का कोई भी राजा इतना महत्वाकांक्षी नहीं था कि वह पूरी दुनिया को जीतने का ख़्वाब देखे।

एक शहर के रूप में, बैबिलोन अब मौजूद नहीं है। जब हज़ारों वर्षों तक शहर का निर्माण और रख-रखाव करने वाली मानव शक्ति को वापस ले लिया गया, तो यह जल्द ही एक वीरान खंडहर बन गया। इस शहर का स्थान एशिया में स्वेज नहर से लगभग छह सौ मील पूर्व, फारस की खाड़ी के उत्तर में स्थित है। अक्षांश भूमध्य रेखा से लगभग तीस डिग्री ऊपर, व्यावहारिक रूप से युमा, एरिज़ोना के समान है। इसकी जलवायु भी इसी अमेरिकी शहर के समान गर्म और शुष्क थी।

आज यूफ्रेट्स की यह घाटी, जो कभी एक समृद्ध आबादी वाला सिंचित कृषि जिला था, जहां कभी भरपूर फसल पैदा होती थी, आज फिर से बर्बाद और वीरान है। कम घास और रेगिस्तानी झाड़ियां हवा में उड़ने वाली रेत के खिलाफ़ अस्तित्व के लिए प्रयास करती हैं। उपजाऊ खेत, विशाल शहर और समृद्ध सामान के लंबे कारवां अब सब समाप्त हो चुके हैं। अरबों के खानाबदोश दल, छोटे पशु समूह को पालकर अपना जीवनयापन करने वाले, यहाँ के एकमात्र निवासी हैं। यह ईसाई युग की शुरुआत के बाद से ऐसा ही रहा है।

इस घाटी में मिट्टी की कुछ पहाड़ियाँ हैं। सदियों से, यात्रियों द्वारा उन्हें मिट्टी की पहाड़ियों के अलावा और कुछ नहीं माना जाता था। पुरातत्वविदों का ध्यान अंततः उनकी ओर आकर्षित हुआ, क्योंकि मिट्टी के बर्तनों के टूटे हुए टुकड़े और ईंटें कभी-कभार होने वाली बारिश के तूफान से धुल गई थीं। यूरोपीय और अमेरिकी संग्रहालयों द्वारा वित्तपोषित अभियान से संबंधित दल, यहाँ खुदाई करने और जानकारी एकत्र करने के लिए भेजे गए थे कि यहाँ क्या मिल सकता है। खुदाई ने जल्द ही इन पहाड़ियों को प्राचीन शहर साबित कर दिया। इसे समृद्ध शहरों का मक़बरा भी कहा जा सकता है।

बैबिलोन इन्हीं में से एक था। इसके ऊपर बीस शताब्दियों तक, हवाओं ने रेगिस्तान की धूल को बिखेर दिया था। मूल रूप से ईंट से निर्मित सभी चमकदार दीवारें बिखर गई थीं और एक बार फिर से मिट्टी में मिल चुकी थीं। बैबिलोन का अमीर शहर आज इसी हाल में है। गंदगी का एक ढेर, उसे इतने लंबे समय तक छोड़ दिया गया कि कोई भी जीवित व्यक्ति इसका नाम भी नहीं जानता था, जब तक इसकी सड़कों,

महान मंदिरों और महलों के खंडहरों पर से सदियों की धूल को हटाकर इसको खोजा नहीं गया।

कई वैज्ञानिक इस घाटी के बैबिलोन और अन्य शहरों की सभ्यता को सबसे प्राचीन मानते हैं, जिनका एक निश्चित उल्लेख मिलता है। सकारात्मक यह सभ्यता आठ हजार साल पुरानी हो सकती है।सकारात्मक तिथियां आठ हजार साल पहले तक पहुंचती हुई साबित हुई हैं।

इन तिथियों के निर्धारण के पीछे एक दिलचस्प तथ्य है। बैबिलोन के खंडहरों में सूर्य ग्रहण का वर्णन मिला था। आधुनिक खगोलविदों ने आसानी से उस समय की गणना की जब बैबिलोन में दिखाई देने वाला ऐसा ग्रहण हुआ और इस प्रकार उनके कैलेंडर और हमारे अपने कैलेंडर के बीच एक ज्ञात संबंध स्थापित किया।

इस प्रकार हमने सिद्ध किया है कि आठ हजार वर्ष पूर्व बेबीलोनिया में बसे हुए सुमेरवासी, चारदीवारी वाले शहरों में रह रहे थे। कोई केवल अनुमान लगा सकता है कितनी सदियों पहले ऐसे शहर मौजूद थे। रक्षा करने वाली दीवारों के भीतर रहने वाले ये लोग बर्बर नहीं थे। वे पढ़े-लिखे और प्रबुद्ध लोग थे। जहाँ तक लिखित इतिहास की बात है, वे पहले इंजीनियर, पहले खगोलविद, पहले गणितज्ञ, पहले वित्तपोषक और लिपि का प्रयोग करने वाले पहले लोग थे।

सिंचाई प्रणाली का उल्लेख पहले ही किया जा चुका था जिसने शुष्क घाटी को कृषि स्वर्ग में बदल दिया।इन नहरों के अवशेषों का अभी भी पता लगाया जा सकता है, हालांकि उनके ज्यादातर हिस्से रेत से भरे हुए हैं। उनमें से कुछ का आकार इतना बड़ा है कि अगर उनमें पानी न हो, तो एक दर्जन घोड़ें एक साथ दौड़ सकते हैं।आकार में वे कोलोराडो और यूटा में सबसे बड़ी नहरों के साथ अनुकूल रूप से तुलना करते हैं।

घाटी की भूमि को सींचने के अलावा, बैबिलोन के इंजीनियरों ने समान परिमाण कि एक और परियोजना को पूरा किया।एक विस्तृत जल निकासी प्रणाली के माध्यम से उन्होंने यूफ्रेट्स और टाइग्रिस नदियों के मुहाने पर दलदली भूमि के एक विशाल क्षेत्र को पुनः प्राप्त किया और इसे भी खेती के लिए उपयोग किया गया।

हेरोडोटस, यूनानी यात्री और इतिहासकार, ने बैबिलोन का दौरा उस समय किया, जब यह अपने प्रमुख काल में था और हमें केवल एक बाहरी व्यक्ति द्वारा ज्ञात विवरण दिया गया है।उनके लेखन में शहर और इसके लोगों के कुछ असामान्य रीति-रिवाजों का एक ग्राफिक विवरण मिलता है। उन्होंने मिट्टी की उल्लेखनीय उर्वरता और उनके द्वारा उत्पादित गेहूँ और जौ की भरपूर फसल का उल्लेख किया है।

बैबिलोन की महिमा फीकी पड़ गई है, परन्तु उसका ज्ञान हमारे लिए सुरक्षित रखा गया है।इसके लिए हम उनके अभिलेखों के ऋणी हैं।उस प्राचीन युग में कागज के उपयोग का आविष्कार नहीं हुआ था।इसके बजाय, उन्होंने नम मिट्टी की पट्टियों पर अपने लेखन को श्रमसाध्य रूप से उकेरा।पूरा होने पर, उन्हें आग पर पकाया गया और इस तरह वह सख्त टाइल बन गई।आकार में, वे लगभग 6 गुणा 8 और मोटाई में 1 इंच थी।

इन मिट्टी की पट्टियों का लिखने के लिए उसी तरह प्रयोग होता था, जैसे आजकल हम लेखन के आधुनिक रूपों का उपयोग करते हैं। उन पर किंवदंतियां, कविता, इतिहास, शाही फरमानों के प्रतिलेखन, भूमि के कानून, संपत्ति के शीर्षक, वचन पत्र और यहाँ तक कि पत्र भी उत्कीर्ण थे जो दूतों द्वारा दूर के शहरों में भेजे गए थे।इन मिट्टी की पट्टियों से हमें इन लोगों के अंतरंग, व्यक्तिगत मामलों की जानकारी मिलती है।उदाहरण के लिए, एक पट्टी पर एक दुकानदार के रिकॉर्ड से पता चलता है कि दी गई तारीख पर एक निश्चित नामित ग्राहक एक गाय को लाया और उसके बदले में उसने सात बोरी गेहूँ लिए, जिसमें से तीन बोरे वह उसी समय ले गया और अन्य चार बोरे वह बाद में लेकर जाएगा।

बर्बाद हुए शहरों में सुरक्षित रूप से दफन, पुरातत्वविदों ने उनमें से सैकड़ों हजारों इन पट्टियों के पूरे पुस्तकालयों को बरामद किया है।

बैबिलोन के उत्कृष्ट आश्रयों में से एक शहर के चारों ओर विशाल दीवारें थीं। पूर्वजों ने उन्हें "दुनिया के सात अजूबों" से संबंधित मिस्र के महान पिरामिड के साथ स्थान दिया।शहर के प्रारंभिक इतिहास के दौरान पहली दीवारें खड़ी करने का श्रेय रानी सेमिरामिस को दिया जाता है। आधुनिक उत्खननकर्ता मूल दीवारों का कोई निशान नहीं ढूंढ पाए हैं। न ही उनकी सही ऊंचाई के बारे में भी कोई जानकारी उपलब्ध है। प्रारंभिक लेखकों द्वारा किए गए उल्लेख से, यह अनुमान लगाया जाता है कि वे लगभग पचास से साठ फीट ऊंचे थे, बाहरी तरफ जली हुई ईंट के साथ और आगे पानी की एक गहरी खाई से संरक्षित थे।

बाद में बनी अधिक प्रसिद्ध दीवारों को लगभग 600 ई.पू. में सम्राट नाबोपोलेज़र द्वारा बनवाना शुरू किया गया था। इतने बड़े पैमाने पर उन्होंने पुनर्निर्माण की योजना बनाई थी, कि वह इसे अपने जीवनकाल में पूरा नहीं करवा पाए। यह कार्य उनके पुत्र नबू-शैडनेज़र पर छोड़ दिया गया था, जिसका नाम बाइबिल के इतिहास में जाना जाता है।

इन बाद की दीवारों की ऊंचाई और लंबाई अविश्वसनीय थी। विश्वसनीय सूत्रों के अनुसार वे लगभग एक सौ साठ फीट ऊंचे हैं, जो आधुनिक पंद्रह मंजिला कार्यालय भवन की ऊंचाई के बराबर है। इनकी कुल लंबाई नौ से ग्यारह मील के बीच अनुमानित है। शीर्ष इतना चौड़ा था कि उनके चारों ओर छह घोड़ों का रथ चलाया जा सकता था। नींव और खाई के कुछ हिस्सों को छोड़कर इस जबरदस्त संरचना का अब बहुत कम ही हिस्सा बचा है। प्रकृति के कहर के अलावा अरबवासियों ने इसकी ईंटें निकाल ली, ताकि उनका उपयोग करके अन्य जगहों पर इमारतों का निर्माण कर सकें। इस तरह अब ये दीवारें पूरी तरह से नष्ट हो चुकी हैं।

बैबिलोन की दीवारों के खिलाफ, बारी-बारी से, विजय के युद्धों के उस युग के लगभग हर विजेता की विजयी सेनाओं ने चढ़ाई की। बहुत से राजाओं के समूह ने बैबिलोन की घेराबंदी की, लेकिन उन्हें हमेशा असफलता ही हाथ लगी। उस समय की आक्रमणकारी सेनाओं को हल्के में नहीं लेना चाहिए था। इतिहासकार दस हजार घुड़सवारों, पच्चीस हजार रथों और बारह सौ पैदल सैनिकों की रेजिमेंटों के बारे में बताते हैं, जिसकी हर रेजिमेंट में 1,000 सैनिक होते थे। अक्सर युद्ध के सामान और रास्ते में सेना के भोजन की व्यवस्था करने में दो-तीन साल की तैयारी की ज़रूरत पड़ती थी। बैबिलोन शहर को एक आधुनिक शहर की तरह व्यवस्थित किया गया था। वहाँ गलियां और दुकानें भी थीं।

रिहाइशी जिलों में फेरीवाले अपना सामान बेचा करते थे। पुजारी-पुरोहित भव्य मंदिरों में कार्य करते थे।

शहर के भीतर शाही महलों के लिए एक आंतरिक घेरा था। कहा जाता है कि इनकी दीवारें शहर की दीवारों से भी ऊंची थीं।

बैबिलोन के लोग कला में निपुण थे। इनमें मूर्तिकला, पेंटिंग, बुनाई, सोने का काम और धातु के हथियारों और कृषि उपकरणों का निर्माण शामिल था। उनके आभूषण-निर्माताओं द्वारा सबसे कलात्मक आभूषण बनाएँ गए थे। बैबिलोन के धनी नागरिकों की कब्रों से आभूषणों के कई नमूने बरामद किए गए हैं और अब वे दुनिया के प्रमुख संग्रहालयों की प्रदर्शनी में हैं।

बहुत पहले शुरुआती दौर में जब बाकी दुनिया अभी भी पत्थर की कुल्हाड़ियों के साथ पेड़ों को काट रही थी, या शिकार कर रही थी और चमकीले-नुकीले भाले और तीरों से लड़ रही थी, तब बैबिलोन के लोग धातु की कुल्हाड़ियों, भाले और तीरों का उपयोग कर रहे थे। बैबिलोन के लोग चतुर वित्तपोषक और व्यापारी थे। जहाँ तक हम जानते हैं, वे धन के मूल आविष्कारक थे और इसका आदान-प्रदान करते थे, इसके अलावा वे वचन पत्र और संपत्ति के लिखित शीर्षक के भी आविष्कारक थे।

इसके बाद भी दीवारों पर कब्जा नहीं किया गया। बैबिलोन के पतन की कहानी सबसे असामान्य है। उस काल के महान विजेताओं में से एक, साइरस ने शहर पर हमला करने का इरादा किया और इसकी अभेद्य दीवारों को लेने की आशा की।

बैबिलोन के राजा, नबोनिडस के सलाहकारों ने उसे सलाह दी कि वह शहर की घेराबंदी होने की प्रतीक्षा किए बिना, शहर से बाहर निकालकर साइरस से युद्ध करें। इस युद्ध में बैबिलोन की सेना हार गई और शहर छोड़कर भाग गई। इसके बाद, साइरस ने खुले फाटकों से बैबिलोन में प्रवेश किया और बिना किसी प्रतिरोध के शहर पर कब्ज़ा कर लिया।

इसके बाद शहर की शक्ति और प्रतिष्ठा धीरे-धीरे कम हो गई, कुछ सौ वर्षों के बाद, इसे अंत में छोड़ दिया गया, निर्जन, हवाओं और तूफानों के लिए, एक बार फिर उसे उस रेगिस्तानी धरती में मिल जाने दिया, जिससे यह मूलतः बना था। बैबिलोन मिट्टी में मिल चुका था, अब इसका पुनरुत्थान कभी नहीं हो सकता था, लेकिन सभ्यता इसकी बहुत आभारी है।

समय की थपेड़ों ने उसके मंदिरों की घमण्डी दीवारों के टुकड़ें-टुकड़ें कर दिए, परंतु बैबिलोन का ज्ञान अभी भी क़ायम है।

वह आदमी जिसे सोना चाहिए था

बैबिलोन में रथ बनाने वाला बंसिर पूरी तरह से निराश हो गया था । वह अपने घर से लगे चबूतरे पर बनी निचली दीवार पर उदास बैठा हुआ, अपने साधारण घर और खुली कार्यशाला को उदासी से देख रहा था, जिसमें एक अधूरा निर्माणाधीन रथ खड़ा था।

उसकी पत्नी बार-बार दरवाजे आकर बाहर देख रही थी। उसकी तीखी नज़रों ने बंसिर को याद दिलाया कि घर में भोजन के डिब्बे लगभग खाली हैं और उसे जल्द ही रथ का निर्माण पूरा कर लेना चाहिए। कुल्हाड़ी से काट-छांट करके, पॉलिश और पेंट करके पहिया के रिम पर चमड़े को चढ़ाकर, उसे ग्राहक को पहुँचाने के लिए तैयार करने का काम करना चाहिए, ताकि उसे अपने अमीर ग्राहक से पैसे मिल सके।

फिर भी, उसका सुगठित और मांसल शरीर दीवार पर अलसाये अंदाज में टिका हुआ था। उसका मंद गति दिमाग़ एक ऐसी समस्या में उलझा हुआ था, जिसका उसे कोई जवाब नहीं मिल रहा था।

यूफ्रेट्स नदी घाटी के इस क्षेत्र में सूरज बहुत तेज तपता था, जोकि इसकी विशेषता थी। इस उष्ण कटिबंधीय क्षेत्र में सूरज आज भी उतनी ही आग उगल रहा था। इस कारण बंसिर के माथे पर पसीने कि बूँदें उभर आईं, जो चेहरे और कन्धों से होते हुए उसकी बालों वाली छाती में के जंगल में गुम हो गईं।

उसके घर के दूसरी ओर राजा के महल की बाहरी सीढ़ीदार ऊंची दीवार थी। पास में नीले आकाश को छूती हुई बेल मंदिर की रंगीन मीनार थी। अपने चारों ओर ऐसी भव्यता की छाया के बिच उसका साधारण सा घर था, हालाँकि कई अन्य घर भी थे, जिनकी हालत उसके घर से भी ज़्यादा खस्ता थी। बैबिलोन का दृश्य ऐसा ही

था - भव्यता और गंदगी का मिश्रण, चकाचौंध भरी दौलत के साथ, भयंकर गरीबी आस-पास रहती थीं, यहाँ अमीर-गरीब दोनों ही लोग बिना किसी योजना या व्यवस्था के शहर की सुरक्षित दीवारों के भीतर एक साथ रहते थे।

बंजिर ने पीछे मुड़कर देखा, तो वहाँ अमीरों के रथ शोर कर रहे थे, ताकि पैदल चल रहे जूते पहने व्यापारियों के साथ-साथ नंगे पांव चल रहे भिखारियों को रास्ते से हटाया जाएँ। जब पानी लाने वाले गुलामों की लंबी क़तार सड़क पर दिखाई देती थी, तब अमीरों के रथ उन्हें रास्ता देने के लिए नालियों की ओर मुड़ जाते थे। वे इसलिए ऐसा करते थे, क्योंकि वे गुलाम 'राजा का काम' कर रहे थे। इन सबकी कमर पर पानी के भारी घड़े रखे थे, जिन्हें सुन्दर उद्यानों में डालने के लिए ले जाया जा रहा था।

बंसिर अपनी ही समस्या में इतना उलझा हुआ था कि उसका शहर के इस हुड़दंग पर ध्यान ही नहीं गया और ना ही उसने इसे सुनने की कोशिश की। उसका ध्यान तब भंग हुआ, जब उसे अपने परिचित एक वध्यंत्र के तार की अप्रत्याशित तान सुनाई दी। उसने मुड़कर देखा कि उसके पास उसका सबसे अच्छा दोस्त कोबी खड़ा है। कोबी अच्छा संगीतकार था और उस समय उसका संवेदनशील चेहरा मुस्कान बिखेर रहा था, जिसे बंसिर साफ देख सकता था।

कोबी ने बंसिर को झुककर प्रणाम करते हुए कहा, "भगवान तुम्हें बड़ी उदारता का आशीर्वाद दें, मेरे अच्छे दोस्त! मगर, मुझे ऐसा प्रतीत हो रहा है कि वे पहले से ही तुम पर इतने उदार हैं कि तुम्हें मेहनत करने की आवश्यकता नहीं है। तुम्हारा सौभाग्य देखकर मुझे ख़ुशी हो रही है। इससे अधिक मेरी इच्छा है कि तुम्हारे साथ-साथ मेरी भी क़िस्मत बदल जाए। तुमसे एक प्रार्थना है कि तुम अपने पैसों से भरे पर्स में से दो सिक्के मुझे उधार दे दो। आज रात रईसों की दावत के बाद मैं तुम्हारा उधार चुका दूंगा। तुम्हें मुझे याद भी नहीं दिलाना पड़ेगा, उससे पहले मैं तुम्हारा उधार चुका दूंगा।"

बंसिर ने उदासी के साथ जवाब दिया, "अगर मेरे पास दो सिक्के होते, तब भी मैं उन्हें किसी को उधार नहीं देता। यहाँ तक कि तुम्हें भी नहीं, मेरे सबसे अच्छे दोस्त; क्योंकि यही मेरा भाग्य है - मेरा पूरा भाग्य। कोई भी अपना पूरा भाग्य उधार नहीं देता है, अपने सबसे अच्छे दोस्त को भी नहीं।"

"क्या?" कोबी ने आश्चर्य के साथ कहा, "तुम्हारे पर्स में एक भी सिक्का नहीं है, फिर भी तुम इस दीवार पर एक मूर्ति तरह बैठे हो! उस अधूरे रथ को पूरा क्यों नहीं करते? तुम अपने आर्थिक सपनों कैसे पूरा करोगे? तुम ऐसे तो नहीं थे, मेरे दोस्त। तुम्हारी अंतहीन ऊर्जा कहाँ है? क्या तुम किसी मुसीबत में हो? क्या भगवान ने तुम्हारे ऊपर कोई परेशानी डाल दी है?"

“यह परेशानी ज़रूर भगवान ने ही डाली होगी,” बंसिर ने सहमति व्यक्त की। “यह एक सपने के साथ शुरू हुआ, एक बेहूदा सपना, जिसमें मैंने देखा कि मैं एक अमीर आदमी था। मेरी कमर बंध से सिक्कों से भरा एक सुंदर कपड़े का पर्स लटका हुआ था। इससे ताँबे के सिक्कों को मैं भिखारियों की ओर लापरवाही से फेंकता हुआ आगे बढ़ रहा था; और चाँदी के सिक्कों से मैं अपनी पत्नी के लिए नए कपड़ें, आभूषण और अपने लिए पसंद की चीज़ें खरीद रहा था। मेरे पास सोने के सिक्कें भी थे, जिनको देखकर मुझे भविष्य के लिए संतुष्टि थी, लेकिन चांदी के सिक्कों को मैं बेखौफ फिजूल खर्ची में उड़ा रहा था। फिर भी मेरे भीतर संतोष की एक भावना थी! तब तुम मुझे देखकर पहचान नहीं सकते थे कि मैं तुम्हारा वही मेहनती दोस्त हूँ। मेरी पत्नी को भी नहीं पहचान सकते थे, क्योंकि आज कि झुर्रियों से मुक्त उसका चेहरा तब ख़ुशी से चमक रहा था। उस समय वह हमारी नई-नई शादी के दिनों वाली मुस्कुराती हुई युवती दिख रही थी।”

कोबी ने टिप्पणी की, “वास्तव में यह एक सुखद सपना था। लेकिन इतनी सुखद भावनाओं को लिए हुए तुम इस दीवार पर एक उदास मूर्ति जैसे बनकर क्यों बैठे हो?”

क्योंकि जब मैं नींद से जागा, तो मुझे याद आया कि मेरा पर्स खाली है, तो मेरे अंदर विद्रोह की भावना जाग उठी। आओ, हम इस विद्रोह के बारे में बैठकर चर्चा करते हैं, क्योंकि जैसे समुद्री यात्री करते हैं, हम दोनों भी एक ही नाव में सवार हैं। बचपन में हम पुरोहितों के पास शिक्षा लेने के लिए गए। युवावस्था में हमने साथ-साथ सुखों को साझा किया। बड़े होने पर भी हम हमेशा करीबी दोस्त ही रहे। हम हमेशा संतुष्ट व्यक्तियों की तरह रहते हैं। हम घंटों मेहनत करके अपनी सारी कमाई को स्वतंत्र रूप से खर्च करने के बाद भी संतुष्ट रहते हैं। इतने वर्षों में बहुत मेहनत की और बहुत पैसा कमाया, फिर भी उस धन से मिलने वाली ख़ुशियों को जान नहीं पाए, इस ख़ुशी के लिए भी हमें सपने देखने पड़ते हैं। अब मेरे मन में ऐसे विचार आने लगे हैं, क्या हम गूंगे भेड़ से भी ज्यादा मूर्ख हैं? जबकि हम दुनिया के सबसे अमीर शहर बेबीलोन में रहते हैं। समुद्रपार यात्रियों का भी यही कहना है कि दौलत के मामले में दुनिया में कोई भी जगह हमारे शहर बेबिलोन के बराबर नहीं है।

हमारे आसपास बेशुमार दौलत बिखरी पड़ी है, लेकिन अफ़सोस कि इसमें से हमारे पास कुछ भी नहीं है। मेरे दोस्त, आधे जीवन कठिन परिश्रम में बिताने के बाद भी तुम्हारे पास सिर्फ एक खाली पर्स है और तुम मुझसे कहते हो, “क्या मैं दो सिक्कों के रूप में एक छोटी-सी राशि तुम्हें उधार दे सकता हूँ, जिसे तुम आज रात रईसों की दावत के बाद मुझे चुका दोगे?” फिर मैं क्या जवाब दूं? क्या मैं यह कह सकता हूँ कि “ये रहा मेरा पर्स, और इसके अंदर जीतने भी सिक्के हैं, मैं इन्हें तुम्हारे साथ ख़ुशी-ख़ुशी बांटता

हूँ?' नहीं, मैं मानता हूँ कि मेरा पर्स भी तुम्हारे पर्स जितना ही खाली है। आखिर ऐसी क्या बात है? हम उतना ही क्यों कमा पाते हैं, जिससे केवल हमारी ज़रूरते पूरी होती हैं, हम दौलत को क्यों नहीं जोड़ पते हैं?" कमा हम उतना ही क्यों कमाते हैं, जिससे की हम केवल जिन्दा रह सकें और हमारी मूलभूत ज़रूरतें खाना और कपड़े भर मिल जाएं।

बंसिर ने आगे कहा, "हमारे बेटों के बारे में सोचो, क्या वे भी अपने पिता के नक्शेक़दम पर नहीं चल रहे हैं? क्या उन्हें और उनके परिवारों, और उनके बेटों के परिवारों को इस सोने से भरे शहर में भी अपना सारा जीवन गरीबी के साथ जीने की आवश्यकता है? क्या उन्हें भी हमारी तरह बकरी का दूध और दलिया खाकर जीवन भर संतुष्ट रहना होगा?"

कोबी ने बड़ी हैरानी के साथ कहा, "बंसिर, हमारी दोस्ती के इतने सालों में तुमने पहले कभी इस तरह की बात नहीं की।"

"इतने सालों में मैंने पहले कभी भी इस तरह नहीं सोचा था। भोर से लेकर अंधेरा होने तक, मैंने केवल और केवल सबसे बेहतरीन रथ बनाने के लिए परिश्रम किया है। इस आशा के साथ कि कोमल हृदय से किसी दिन भगवान मेरे योग्य कर्मों को पहचानेंगे और मुझे भी सुख समृद्धि प्रदान करेंगे। पर ऐसा उन्होंने कभी भी नहीं किया। अंत में, मुझे एहसास हुआ कि वे कभी ऐसा करेंगे भी नहीं। इसलिए मेरा दिल दुखी है। मैं एक अमीर आदमी बनना चाहता हूँ। मैं चाहता हूँ कि मेरे पास भी जमीन और मवेशी हों, अच्छे कपड़े हों और मेरा पर्स हमेशा सिक्कों से भरा रहे।"

"इन चीज़ों को हासिल करने के लिए मैं अपनी पूरी ताकत के साथ तैयार हूँ। इन चीजों को पाने के लिए मैं अपने हाथों के सभी हुनर के साथ, आपनी बौद्धिक क्षमता और योग्यता के साथ काम करने को तैयार हूँ, लेकिन मैं चाहता हूँ कि मेरी मेहनत का मुझे उचित इनाम मिले।"

"एक फिर भी मैं तुमसे पूछना चाहता हूँ! हमारे साथ ऐसी क्या बात है? दुनिया में इतनी सारी अच्छी चीज़ें हैं, लेकिन हम उसमें अपना हिस्सा प्राप्त नहीं कर पाते। जिस तरह समृद्ध लोग उन्हें ख़रीदते हैं, आखिर हमारे पास उन्हीं की तरह प्रचुर मात्रा में पैसा क्यों नहीं है?"

कोबी ने जवाब दिया, क्या तुम्हें लगता है कि मुझे इस सवाल का जवाब पता होगा! "तुम्हारी तरह मैं भी असंतुष्ट हूँ। संगीत बजाकर मैं जितना भी कमाता हूँ, वह जल्दी खत्म हो जाता है। अक्सर मुझे कमाई के लिए नवीन योजना बनानी पड़ती है, जिससे कि मेरा परिवार भूखा न रहे। इसके अलावा मुझे ऐसे वाद्य यंत्र खरीदने की इच्छा है, जिससे कि वास्तव में, मैं संगीत के उन धुनों को बहार निकल सकूं, जो मेरे

दिमाग़ में उत्पन्न होती हैं। इन वाद्य यंत्रों के माध्यम से मैं संगीत को इतना बेहतर बना सकता हूँ, जितना कि राजा ने पहले कभी नहीं सुना होगा।”

“ऐसा वाद्य यंत्र तुम्हारे पास होना चाहिए। अगर वह तुम्हारे पास हों, तो पूरे बैबिलोन में कोई भी तुमसे अधिक मधुर संगीत नहीं बजा सकता; उससे तुम इतना मधुर गा सकते हो कि न केवल राजा, बल्कि देवता भी प्रसन्न हो जाते। परन्तु तुम इस वाद्य यंत्र को कैसे खरीद सकते हो? जबकि हम दोनों राजा के गुलामों के जितने ही कंगाल हैं। ये घंटी सुन रहे हो! वह देखो राजा के गुलाम आ गए।”

उसने आधे नग्न, पसीने से तर पानी ढोने वालों की लंबी कतार की ओर इशारा किया, जो नदी से पानी लाते हुए संकरी गली में चल रहे थे। पाँच गुलाम एक साथ आगे बढ़े रहे थे, प्रत्येक की कमर पर पानी की एक भारी मोकरी का बोझ लदा हुआ था।

“जो आदमी उनका नेतृत्व करते हुए सबसे आगे चल रहा है, उसका शरीर कितना सुगठित है।” कोबी ने घंटी पहनने वाले आदमी की ओर इशारा करते हुए कहा; जो कि बिना भार लिए सबसे आगे चल रहा था। “अपने ही देश में एक प्रमुख व्यक्ति, देखना आसान है।”

बंसिर ने सहमति व्यक्त करते हुए कहा, “इन गुलामों की कतार में कई हमारे जैसे हैं,” इनमें लंबे और गोरे गुलाम उत्तरी देशों के हैं, हंसमुख और अश्वेत गुलाम दक्षिण के हैं, नज़दीकी देशों के गुलामों का रंग भूरा व कदकाठी नाटी है। सभी गुलाम नदी से एक साथ चल कर बगीचे तक आते-जाते हैं। ये लोग सालों से यही काम कर रहे हैं, उनके जीवन में कोई ख़ुशी नहीं है और न ही इन्हें आगे ख़ुशी मिलने जरा भी आशा है। यह भूसे के बिस्तर पर सोते हैं। घटिया अनाज का दलिया खाते हैं। इन बेचारे गरीब गुलामों पर दया करो, कोबी!

“मैं उन पर दया करता हूँ। मगर, तुम्हारी बातों से मैं समझ गया हूँ कि हम भी उनके जैसा ही जीवन बिता रहे हैं, हालांकि पहले मैं खुद को स्वतंत्र आदमी समझता था।”

“यह सच है कोबी, हालांकि यह एक अप्रिय विचार है। हम साल-दर-साल गुलामी का जीवन नहीं जीना चाहते हैं। काम करना, काम करना और काम करना! फिर भी, कहीं कोई प्रगति नहीं, कोई भी तरक्की नहीं”

कोबी ने पूछा, “क्या हम यह पता नहीं लगा सकते कि अमीर लोग आखिर अमीर कैसे बनते हैं? यदि यह रहस्य पता लग जाए तो हम भी उनके नक़्शे कदम पर चलकर अमीर बन सकते हैं।”

बंसिर ने विचार करने के बाद उत्तर दिया, "शायद कोई दौलत का यह रहस्य जनता हो, और वह हमें बताने को तैयार हो, तो हम भी इसे सीख सकते हैं।"

कोबी ने उसे सुझाव दिया, "आज ही मैंने अपने पुराने दोस्त अरकद को उसके सुनहरे रथ पर सवार देखा था। उसने मुझे देखकर अनदेखा नहीं किया, जैसा कि अन्य अमीर लोग करते हैं। इसके बजाय उसने मेरी ओर देखते हुए अपना हाथ हिलाया, ताकि वहाँ मौजूद सभी लोग यह देख लें कि वह अपने संगीतकार दोस्त कोबी पर दोस्ती की मुस्कान बिखेर रहा है।"

बंसिर ने कहा, "लोगों के हिसाब से वह पूरे बैबिलोन में सबसे अमीर आदमी है।"

कोबी ने उत्तर दिया, "इतना अमीर कि कई-कई बार राजा भी उससे राजकीय मुद्रा भंडार के भंडारण के मामले में सहायता लेता है।"

बंसिर बीच में बोल पड़ा, "इतना अमीर!," "मुझे डर है कि अगर मैं रात के अंधेरे में उससे मिलूं, तो कहीं मेरा हाथ उसके मोटे पर्स पर न चला जाए।"

"बकवास," कोबी झिड़कते हुए बोला, "एक आदमी का धन उसके पास रखे हुए पर्स में नहीं होता है। यदि पर्स को लगातार भरने कि कोई सुनहरी योजना न हो, तो कितना भी मोटा पर्स हो वह खली हो जायेगा।" अरकद की आय इतनी अधिक है, वह कितनी भी उदारता से क्यों न पैसा खर्च करे, उसका पर्स बार हमेशा भरा रहता है।

"लगातार आय कि ही तो सारी बात है," बंसिर झट बोला पड़ा। "मैं चाहता हूँ मेरे पर्स में भी लगातार आय बनी रहे, चाहे मैं दीवार पर बैठूं या दूर के देशों की यात्रा करूं। अरकद को ज़रूर पता होगा कि वह अपने लिए एक निश्चित और निरंतर आय कैसे बनाये रखता है। तुम्हें लगता है कि वह मेरे जैसे मंदबुद्धि इंसान को स्पष्टता के साथ इसके बारे में समझा पाएगा?"

कोबी ने जवाब दिया, "मुझे लगता है कि उसने अपने बेटे नोमासिर को अपना ज्ञान सिखाया था। इसके बाद नोमसिर, निनवे गया, और अपने पिता की सहायता के बिना ही उस नगर के अमीर व्यक्तियों में से एक बन गया?"

"कोबी, तुमने मुझे एक दुर्लभ विचार दिया है।" बंसिर की आँखों में चमक आ गई। "एक अच्छा दोस्त अपने दोस्त को समझदारी भरी सलाह हमेशा मुफ़्त में देता है, और अरकद हमेशा से ही हमारा अच्छा दोस्त रहा है। इससे कोई फर्क नहीं पड़ता कि हमारे पर्स बाज़ के घोंसले की तरह खाली हैं। हमारी गरीबी हमें अमीर होने से नही रोक सकती। हम समृद्धि से भरे शहर के बीच में बिना सोने के गरीबी भरा जीवन जीते-जीते

तंग आ चुके हैं। हम अब अमीर आदमी बनना चाहते हैं। आओ, हम अरकद के पास चलें और पूछें कि हम भी अपनी आय और दौलत को कैसे बढ़ा सकते हैं।"

तुम दिल से बोल रहे हो बंसिर। तुम्हारी बातों मेरे मन में एक नया विचार जन्मा है। तुमने मुझे एहसास कराया है कि आखिर क्यों हम कभी दौलतमंद नहीं बन पाए, बल्कि सच तो यह है कि हमने कभी भी धन इस रहस्य को खोजने कि कोशिश ही नहीं की। तुम्हारा लक्ष्य सिर्फ़ सब्र के साथ बैबिलोन में सबसे अच्छे रथों को बनाने का था, और जिसे तुमने अपने सर्वोत्तम प्रयासों के साथ किया। इसलिए तुम इस कम में सफल हुए। मेरा लक्ष्य एक कुशल संगीतकार बनने का था, जिसके लिए मैंने भरपूर प्रयास किए, और इसमें मैं सफल रहा।

"जिन लक्ष्यों के लिए हमने अपना सर्वश्रेष्ठ प्रयास किया, उन चीज़ों में हम सफल हुए।" भगवान ने हमें अपनी संतुष्टि और प्रयासों के अनुसार हमें दिया, क्योंकि हम इसमें संतुष्ट थे। हालांकि अब हमें उगते हुए सूरज का चमकीला प्रकाश दिख रहा है। यह हमें दौलतमंद होने का मार्ग दिखा रहा है, जिसे हम सीखें और समृद्ध हों। यदि हम इस दौलातमंद बनने कि कला को सीख लेते हैं तो हमारी वो सभी इच्छायें एक झटके में पूरी हो जाएँगी, जिसके बारे में अभी हम सोचते हैं।

बंसिर ने आग्रह किया, "चलो हम आज ही अरकद के पास चलते हैं," हाँ बिलकुल, "बल्कि हम अपने बचपन के उन दोस्तों को भी साथ ले चलते हैं, जिनकी स्तिथी भी हमारे जैसा ही है, ताकि वे भी उस ज्ञान का लाभ उठा सकें।"

"बंसिर, तुमने हमेशा ही अपने दोस्तों की ऐसी ही परवाह की है। इस कारण तुम्हारे बहुत सारे दोस्त हैं। जैसा तुम कहोगे वैसा ही करेंगे। हम आज ही चलते हैं और अपने बचपन के दोस्तों को भी साथ लेकर चलेंगे।"

बैबिलोन का सबसे अमीर आदमी

प्राचीन बैबिलोन में एक ज़माने में अरकद नाम का एक बहुत धनी व्यक्ति रहता था। अपनी अपार धन संपदा के लिए उसकी चर्चा दूर-दूर तक फैली हुई थी। वह अपनी उदारता के लिए भी प्रसिद्ध था। वह दान करने में भी आगे रहता था। वह अपने परिवार के प्रति उदार था। वे अपने खर्चे में भी उदार था। लेकिन फिर भी हर साल उसकी संपत्ति खर्च करने की तुलना में अधिक तेजी से बढ़ती जाती थी।

उसके बचपन के दिनों के कुछ दोस्त उसके पास आए और उन्होंने कहा; अरकाद, तुम हम में से ज्यादा भाग्यशाली हो। तुम पूरे बैबिलोन के सबसे अमीर आदमी बन गए हो, जबकि हम अभी तक अपने अस्तित्व के लिए संघर्ष कर रहे हैं। तुम बेहतरीन वस्त्र पहन सकते हैं और सबसे अच्छा भोजन का आनंद लें सकते हो, जबकि हमारा यह हाल कि हमें अपने परिवार को भरपेट खाना और तन ढकने लायक कपड़ें भी कई बार नसीब नहीं होती है।

"मगर, कभी हम समान थे। हम सब ने एक ही से अध्ययन किया। हम एक साथ ही खेले हैं। और न तो आप पढ़ाई में और न ही खेलों में हमसे आगे निकाल पाए थे। और उसके बाद के वर्षों में, आप हमसे अधिक सम्मानित नागरिक नहीं थे।"

"जहां तक हम जानते हैं, न ही आपने अधिक मेहनत या अधिक ईमानदारी से काम किया है। फिर एक चंचल क़िस्मत ने आपको ही जीवन की सभी अच्छी चीज़ों का आनंद दिया और हमें अनदेखा क्यों किया, जिसका समान रूप से हमें भी हकदार होना चाहिए था?"

इसके बाद अरकद ने उनसे कहा, "यदि आपने अपनी युवावस्था में एक शारीरिक अस्तित्व से अधिक कुछ प्राप्त नहीं किया, तो इसका कारण यह है कि आप या तो उन सिधान्तों को सीखने में विफल रहे हैं जो धन के निर्माण को नियंत्रित करते हैं या फिर आप उनका पालन नहीं करते।"

"क़िस्मत एक ऐसी शातिर देवी है, जो किसी का भी स्थायी रूप से भला नहीं करती है। इसके विपरीत, वह लगभग हर उस आदमी को बर्बाद कर देती है, जिस पर वह अनर्जित सोना बरसाती है। उसकी मेहरबानी के बाद वे बेवजह खर्च करने लगता है, जिससे जल्द वह अपना सारा धन नष्ट कर देता है और अत्यधिक भूख और इच्छाओं से घिरा रह जाता है जिन्हें वे संतुष्ट करने की क्षमता नहीं रखते हैं। मगर जिन लोगों का वह पक्ष लेती है, वे कंजूस हो जाते हैं और अपने पास जो कुछ है उसे खर्च करने से डरते हुए अपनी संपत्ति जमा करते हैं, यह जानते हुए कि उनके पास इसे बदलने की क्षमता नहीं है। वे आगे लुटेरों के डर से घिरे हुए हैं और खुद को खालीपन और अज्ञात दुख के चलते आपने जीवन को बर्बाद कर देते हैं।"

"शायद अन्य ऐसे भी लोग हैं, जो बिना कमाए सोना पाकर, उसमें और जोड़ते हुए ख़ुश और संतुष्ट नागरिक बने रहते हैं। लेकिन ऐसे बहुत कम लोग हैं, ऐसे लोगों के बारे में मैंने सिर्फ अफवाहों से सुना है। उन लोगों के बारे में सोचें जिन्हें अचानक धन विरासत में मिला है, और देखें कि क्या यह कितना सच है।"

उनके दोस्तों ने स्वीकार किया कि वे जानते थे कि जिन लोगों को विरासत में धन मिला था, ये सब उनके बारे में सच था और दोस्तों ने उनसे यह समझाने के लिए कहा कि वह कैसे इतनी समृद्धि के अधिकारी हो गए; इसलिए अरकद ने आगे बताना जारी रखा, "अपनी युवावस्था में मैंने अपने चारों ओर देखा वहाँ सभी अच्छी चीज़ें देखीं जो जीवन में ख़ुशी और संतोष लाने के लिए थीं। और मैंने महसूस किया कि धन ने इन सभी की शक्ति को बढ़ा दिया है।"

"धन एक शक्ति है। धन से बहुत कुछ संभव है।"

"धन से किसी भी घर को सजाने के लिए महंगे से महंगे सामान को खरीद सकते हो।"

"कोई भी दूर देश की यात्रा कर सकता है।"

"कोई भी दूर देशों के स्वादिष्ट पकवानों का स्वाद चख सकता है।"

"कोई भी सुनार और जौहरी से आभूषण खरीद सकता है।"

"कोई भी भगवान के भव्य मंदिरों का निर्माण करा सकता है।"

"कोई भी उन सभी चीज़ों और कई अन्य चीज़ों को कर सकता है, जिसमें इंद्रियों के लिए ख़ुशी और आत्मा के लिए संतुष्टि है।"

और जब मुझे यह सब पता चला, तो मैंने खुद से फैसला किया कि मैं जीवन की अच्छी चीज़ों में अपने हिस्से का दावा करूंगा। मैं उन लोगों में शामिल नहीं होना चाहता, जो दूर खड़े होकर ईर्ष्या से सुखी लोगों को आनंद लेते हुए देखते हैं। मैं सस्ते कपड़े पहनकर संतोष नहीं पा सकता, जिसमें लोग सम्मानजनक दिखने का नाटक करते हैं। मैं एक गरीब आदमी की ज़िंदगी जीकर संतुष्ट नहीं रहूँगा। इसके विपरीत, मैं खुद को अच्छी चीज़ों के इस जश्न में एक सम्मानित अतिथि बनाऊँगा

जैसा कि आप सब जानते हैं, मैं एक गरीब व्यापारी का बेटा हूँ, और मेरा परिवार भी काफ़ी बड़ा रहा है, तो विरासत में कुछ भी मिलने की उम्मीद नहीं थी, जैसा कि आपने स्पष्ट रूप से कहा है कि मुझमें श्रेष्ठ ज्ञान या कोई योग्यता भी नहीं थी, तब मैंने फैसला किया कि जो मेरी इच्छाएं हैं, अगर मुझे उन्हें प्राप्त करना है तो उसके के लिए समय और अध्ययन की आवश्यकता होगी।

जहां तक समय की बात है, यह सभी पुरुषों के पास भरपूर होता है। आप में से प्रत्येक के पास अमीर बनने के लिए पर्याप्त समय था, जिसे आप लोगों ने बर्बाद कर दिया। अब, आप स्वीकार करते हैं; आपके पास अपने अच्छे परिवारों के अलावा कुछ भी नहीं है, जिस पर आप सच में गर्व कर सकें।

और जहां तक अध्ययन की बात है, क्या हमारे बुद्धिमान शिक्षक ने हमें यह नहीं सिखाया कि ज्ञान दो प्रकार का होता है: एक तरह का ज्ञान वो है, जो हमने सीखा और जाना, और दूसरा वह जो प्रशिक्षण है, जिसने हमें सिखाया कि हम क्या नहीं जानते?

इसलिए मैंने यह पता लगाने का फैसला किया कि कोई कैसे धन जमा कर सकता है, और जब मुझे पता लग जाएगा कि कैसे धन जोड़ा जा सकता है फिर मैं भी उस पर अच्छी तरह से काम करूंगा। क्या यह बुद्धिमानी नहीं है कि हम धूप की चमक में रहते हुए आनंद लें, क्योंकि जब हम आत्मा की दुनिया के अंधेरे में प्रस्थान करेंगे, वहाँ हमें पर्याप्त रूप में दुखों का सामना करना होगा?

मुझे हाल में अभिलेखों के शिल्पियों के मुंशी के रूप में रोजगार मिला, और वहाँ दिन-रात मैं मिट्टी की पट्टियों पर कारीगिरों से अभिलेख लिखवाता रहा। सप्ताह-दर-सप्ताह और महीने-दर-महीने, मैंने मेहनत की, फिर भी अपनी कमाई के रूप में मेरे पास दिखाने के लिए कुछ नहीं था। भोजन, कपड़े और देवताओं की पूजा और अन्य चीज़ें जिन्हें मैं याद नहीं रख सका, मेरी सारी कमाई उन पर खर्च हो गई, लेकिन मेरे दृढ़ संकल्प ने मुझे नहीं छोड़ा। और एक दिन साहूकार अल्गमिश, नगर मालिक के घर

आए, उन्होंने नौवें कानून की एक प्रति देते हुए आदेश दिया, और मुझसे बोले, “मुझे यह दो दिन में चाहिए, और यदि नियत समय तक काम पूरा हो जाता है, तो मैं तुम्हें दोताँबे के सिक्के दूँगा।”

इस पर मैंने कड़ी मेहनत की, लेकिन कानून लंबा था, और जब अल्गमिश वापस लौटा तो काम अधूरा था।

वह गुस्से में था, और अगर मैं उसका गुलाम होता, तो वह मुझे पीटता। परंतु यह जानते हुए कि नगर का मालिक उसे मुझे चोट पहुँचाने की अनुमति नहीं देगा, मैं निडर था; इसलिए मैंने उससे कहा, 'अल्गमिश, आप बहुत अमीर आदमी हैं। मुझे बताएं कि किस तरह से मैं भी अमीर आदमी बन सकता हूँ, अगर आप यह मुझे बता सकते हैं तो मैं रात भर मिट्टी पर लिखूंगा, और जब सूर्य उदय होगा, तब आपका काम पूरा हो जाएगा।'

वह मुझे देखकर मुस्कुराए और उत्तर दिया, 'तुम बहुत दुष्ट हो, लेकिन हम इस सौदे के लिया तैयार हैं।'

उस पूरी रात मैंने मिट्टी की पट्टी पर नक्काशी की, हालाँकि मेरी पीठ में दर्द हुआ और जलते हुए दीये से निकलते धुंएँ की गंध से मेरे सिर में दर्द हो रहा था, मेरी आँखें मुश्किल से देख पा रही थीं। लेकिन जब वह सुबह लौटा, तो पट्टियाँ पूरी हो चुकी थीं।

अब मैंने कहा, 'मुझे बताओ जो आपने वादा किया था।'

“तुमने हमारे सौदे का अपना हिस्सा पूरा कर लिया है, मेरे बेटे,” उन्होंने मुझसे विनम्रता से कहा, 'और मैं अपना हिस्सा पूरा करने के लिए तैयार हूँ। मैं तुम्हें वे बातें बताऊंगा जो तुम जानना चाहते हो, क्योंकि मैं बूढ़ा होता जा रहा हूँ, और एक पुरानी जीभ को हिलाना पसंद है। और जब युवा लोग सलाह के लिए बूढ़े लोगों के पास आते हैं, तो उन्हें वर्षों के अनुभव का ज्ञान प्राप्त होता है। लेकिन अक्सर युवा सोचते हैं कि ये ज्ञान बीते ज़माने का ज्ञान है जिसका अब कोई महत्व नहीं है, और इसलिए लाभ नहीं उठा पाते। लेकिन यह याद रखना, जो सूरज आज चमकता है, यह वही सूरज है जो तुम्हारे पिता के जन्म के समय भी चमकता था, और तब भी चमकता रहेगा जब तुम्हारे नाती-पोते इस दुनिया में नहीं रहेंगे।'

उन्होंने आगे कहा, “युवाओं के विचार, उज्ज्वल रोशनी हैं जो उल्काओं की तरह चमकती हैं जो आकाश को शानदार बनाती हैं, लेकिन उम्र का ज्ञान स्थिर सितारों की तरह है जो इतने अपरिवर्तित चमकते हैं कि नाविक उन पर निर्भर रह कर अपनी दिशा निर्धारित कर सकते हैं।”

मेरे वचनों को अच्छी तरह से चिन्हित करो, क्योंकि यदि तुम नहीं करोगे तो तुम उस सत्य को समझने से चूक जाओगे जो मैं तुम्हें बताऊंगा, और तुम समझोगे कि तुम्हारी रात की मेहनत बेकार चली गई।

फिर उन्होंने अपनी मोटी भौंहों के नीचे से चतुराई से मेरी ओर देखा और धीमे, लेकिन जोरदार स्वर में बोले, 'मुझे दौलत का रास्ता तब मिला जब मैंने फैसला किया कि मैं अपनी कमाई का एक हिस्सा अपने पास रखूंगा। और तुम भी ऐसा ही करो।'

फिर उन्होंने मुझे एक ऐसी नज़र से देखा कि मैं खुद को छेदता हुआ महसूस कर सकता था लेकिन कुछ बोले नहीं।

"बस इतना ही?" मैंने पूछा।

"यह एक भेड़ चराने वाले के हृदय को साहूकार के हृदय में बदलने के लिए यह पर्याप्त था," उसने उत्तर दिया।

"लेकिन जो कुछ मैं कमाता हूँ वह मैं ही तो रखता हूँ, है ना?" मैंने पूछा।

"बिल्कुल नहीं," उन्होंने जवाब दिया। 'क्या तुम वस्त्र-निर्माता को भुगतान नहीं करते हो? क्या तुम चंदन बनाने वाले को भुगतान नहीं करते हो? क्या तुम अपने खाने की चीज़ों के लिए भुगतान नहीं करते हो? क्या तुम बिना ख़र्च किए बैबिलोन में रह सकते हो? पिछले महीने की तुम्हारी कमाई कहाँ है? पिछले साल की कहाँ है? मूर्ख! तुम सभी को भुगतान करते हो, लेकिन स्वयं को कुछ नहीं देते। बेवकूफ़, तुम दूसरों के लिए मेहनत करते हो, अपने लिए नहीं। इससे अच्छा है तुम गुलाम बन जाओ, तुम्हारी मेहनत के बदले तुम्हारा मालिक तुम्हें खाने और पहनने के लिए देता रहेगा, उसके लिए काम करो। अगर तुम अपनी कमाई का दसवां हिस्सा अपने लिए रखते हो, तो दस साल में तुम्हारे पास कितना पैसा जमा हो जाएगा?'

संख्याओं के बारे में मेरे ज्ञान ने मुझे नहीं छोड़ा, और मैंने उत्तर दिया, 'जितना मैं एक वर्ष में कमाता हूँ।'

"तुमने सही कहा लेकिन यह आधा सच है," उन्होंने जवाब दिया। 'तुम्हारे द्वारा सहेजा गया हर सोने का सिक्का तुम्हारे लिए काम करने वाला गुलाम है। वह सोने के सिक्के जितना भी तांबा कमाते है वह कमाई उसका बच्चा है, वह भी तुम्हारे लिए कमा सकता है। यदि तुम धनवान बनना चाहते हो, तो जो कुछ तुम बचाते हो उसका निवेश करना चाहिए, ताकि तुम्हारी बचत और उसके बच्चें धन कमाएं, और सभी तुम्हें धनवान बनाने में मदद करें।

उन्होंने आगे कहा, "तुम्हें लग रहा होगा कि मैं तुम्हें तुम्हारी लंबी रात की मेहनत के बदले धोखा दे रहा हूँ, लेकिन मैं तुम्हें ये सब बताकर, एक हजार गुना भुगतान कर रहा हूँ, यदि तुम्हारे पास मेरे द्वारा बताए गए सत्य को समझने की बुद्धि है।"

तुम जो कमाते हैं उसका एक हिस्सा अपने पास रखो। यह तुम्हारी कमाई के दसवें हिस्से से कम नहीं होना चाहिए, चाहे तुम कितना भी कम कमाते हो। तुम इससे जितना बचा सकते हो, बचा लो। सबसे पहले खुद को भुगतान करो। वस्त्र-निर्माता और चन्दन-निर्माता से इतना अधिक न ख़रीदो जितना तुम बची हुई आय में से उनका भुगतान न कर पाओ।

धन, एक वृक्ष की तरह, एक छोटे से बीज से बढ़ता है। पहला ताँबे का सिक्का जो तुम बचाते हो वह वह बीज है जिससे तुम्हारा धन का वृक्ष उगेगा। जितनी जल्दी तुम उस बीज को बोओगे, वृक्ष उतनी ही जल्दी विकसित होगा। और जितना अधिक ईमानदारी से तुम उस वृक्ष को लगातार बचत के साथ पोषण और पानी देते रहोगे, उतनी ही जल्दी तुम उसकी छाया के नीचे संतोष का आनंद ले पाओगे। यह कहकर वह अपनी पट्टियाँ लेकर चले गए।

मैंने उनकी बताई हुई सलाह के बारे में बहुत सोचा, और वह मुझे तर्कपूर्ण लग रही थी। इसलिए मैंने फैसला किया कि मैं इसे आज़माउंगा। हर बार जब मुझे भुगतान किया जाता था तो मैं ताँबे के प्रत्येक दस सिक्कों में से एक को अलग रख देता था। और यह हो सकता है अजीब लगे, कि मेरे पास पहले की तुलना में धन की कमी नहीं थी। मैंने थोड़ा अंतर देखा जैसे मैं दसवें हिस्से के बिना रहने में कामयाब रहा। लेकिन जैसे-जैसे मेरा भंडार बढ़ने लगा और अक्सर मेरा मन ललचाने लगा था कि मैं इसे खर्च करके व्यापारियों द्वारा प्रदर्शित कुछ अच्छी चीज़ों को खरीद लूँ, जिन्हें ऊँटों और जहाजों द्वारा फिनिशियन्स के देश से लाया जाता था, परन्तु मैंने बुद्धिमानी से काम लिया और ऐसा नहीं किया।

अल्गमिश बारहवें महीने के बाद फिर लौटकर आए और उन्होंने मुझसे पूछा, 'बेटा, क्या तुमने पिछले एक साल में अर्जित की गई कमाई का कम से कम दसवां हिस्सा अपने लिए बचाया?'

मैंने गर्व से उत्तर दिया, 'हाँ, गुरु, मैंने ऐसा किया।' उन्होंने मुस्कुराते हुए कहा 'यह बहुत अच्छा है, और तुमने उन पैसों का क्या किया?'

"मैंने इसे ईंट बनाने वाले अजमूर को दिया है, जिसने मुझे बताया था कि वह दूर देशों की समुंद्री यात्रा पर जा रहा है और टायर से वह मेरे लिए फिनिशियन्स के दुर्लभ गहने खरीदेगा। जब वह लौटेगा तो हम इन्हें ऊँचे दामों पर बेचेंगे और मुनाफ़े को आपस में विभाजित कर लेंगे।"

"हर मूर्ख अपनी ग़लतियों से सीखता है," वह डांटते हुए बोले, "लेकिन तुमने ईंट बनाने वाले के गहनों के ज्ञान पर भरोसा क्यों किया? क्या तुम रोटी बनाने वाले के पास भविष्य के बारे में पूछताछ करने जाओगे? मेरे हिसाब से नहीं, अगर तुम्हारे पास सोचने की थोड़ी सी भी बुद्धि होगी, तो तुम ज्योतिषी के पास ही जाओगे। तुम्हारी बचत चली गई, बच्चे, तुमने अपने धन-वृक्ष को जड़ से उखाड़ दिया है। लेकिन अब दूसरा वृक्ष लगाओ। पुनः प्रयास करो। और अगली बार अगर तुम्हें गहनों के बारे में सलाह लेनी होतो, जौहरी के पास जाना। यदि तुम भेड़ के बारे में सच्चाई जाननी हो तो, चरवाहे के पास जाना। सलाह एक ऐसी चीज़ है जो स्वतंत्र रूप से दी जाती है, लेकिन ध्यान रहे कि तुम केवल वही सलाह मानो जो मानने लायक हो। वह जो ऐसे मामलों में अनुभवहीन व्यक्ति से अपनी बचत के बारे में सलाह लेता है, वह ग़लत सलाह को मान कर अपनी सारी जमा-पूंजी गंवा देता है।" यह कहकर वह चले गए।

"और जैसा उन्होंने कहा था ठीक वैसा ही हुआ। क्योंकि बदमाश फिनिशियन्स ने अज़मुर को कांच के बेकार टुकड़े बेच दिए जो रत्नों की तरह दिखते थे। लेकिन जैसा कि अल्गमिशने मुझे समझाया था, मैंने फिर से प्रत्येक दसवें ताँबे के सिक्के को बचाया, क्योंकि अब मैंने यह आदत बना ली थी और अब ऐसा करना मुश्किल भी नहीं था।"

फिर एक साल बाद, अल्गमिश शास्त्रियों के कमरे में आए और मुझसे बोले, "हमारी आखिरी मुलाक़ात के बाद से तुमने कितनी प्रगति की है?"

मैंने उन्हें बताया, "मैंने अपने आप को ईमानदारी से भुगतान किया है अपनी आय का दसवां हिस्सा बचाकर और अपनी बचत मैंने ढाल बनाने वाले अग्रर को सौंप दी है, कांस्य खरीदने के लिए, और हर चौथे महीने वह मुझे ब्याज़ का भुगतान करता है।"

"यह अच्छा है। और तुम उस ब्याज़ का क्या करते हो?"

मैंने कहा, "मैं शहद, बढ़िया शराब और मसालेदार केक के साथ एक बड़ी दावत करता हूँ। इसके अलावा मैंने अपने लिए एक लाल रंग की जैकेट भी खरीदी है। और अब आने वाले दिनों मैं अपने लिए एक खच्चर भी लेने वाला हूँ।"

मेरी बातें सुनकर अल्गमिश हंस पड़े, "तुम अपनी बचत के बच्चों को मार रहे हो। फिर तुम उनसे कैसे उम्मीद करते हो कि वे तुम्हारे लिए काम करेंगे? और फिर उनके बच्चे कैसे होंगे, जो आगे तुम्हारे काम आएंगे? पहले अपने लिए सोने के गुलामों की एक सेना तैयार करलो और फिर तुम बिना पछतावे के कई बेहतरीन जश्नों का आनंद आराम से ले सकते हो।" इतना कहकर वह फिर चले गए।

उसके बाद ही मैंने उन्हें दो साल तक नहीं देखा, और उसके बाद जब वह फिर लौटे, उनका चेहरा झुरियों से भरा हुआ था, और उनकी आंखें झुकी हुई थीं, क्योंकि वह बहुत बूढ़े हो चुके थे। और उसने मुझसे पूछा, "अरकद, तुमने जो धन प्राप्त करने का सपना देखा था, क्या उसे प्राप्त कर लिया?"

मैंने उत्तर दिया, कि अब तक उतना धन तो नहीं कमाया जितना मैं चाहता था, परन्तु कुछ मेरे पास कुछ धन इक्कठा हो गया हैं, और वह मेरे लिए ब्याज़ कमाता है, और उसके ब्याज़ से मैं और ब्याज़ कमाता हूँ।

"और क्या तुम अभी भी ईंट बनाने वालों से सलाह लेते हो?"

"ईंट बनाने के बारे में वे अच्छी सलाह देते हैं," मैंने जवाब दिया।

इसके बाद उन्होंने कहा, "अरकद तुमने मेरे सबक अच्छी तरह से लिए हैं। तुमने पहले अपनी आय से कम में अपना खर्चा कैसे चलाया जाए, यह सीखा। इसके बाद तुमने उन लोगों से सलाह लेनी सीखी जो अपने क्षेत्र का अनुभव और ज्ञान रखते थे। और, अंत में, तुमने सोना बनाना सीख लिया है, जो अब तुम्हारे काम आ रहा है।"

"तुमने अपने आप को सिखाया है कि धन कैसे अर्जित किया जाए, इसे कैसे रखा जाए और इसका उपयोग कैसे किया जाए। इसलिए, तुम अब एक जिम्मेदार पद संभालने के लिए सक्षम हो चुके हो। मैं बूढ़ा हो रहा हूँ। मेरे बेटे केवल खर्च करने के बारे में सोचते हैं और कमाई के बारे में नहीं सोचते। मेरी जायदाद बहुत फैली हुई है और मैं अब उसकी देखभाल नहीं कर सकता। यदि तुम निप्पर जाकर मेरी भूमि की देखभाल करोगे, तो मैं तुम्हें अपना साथी बनाऊंगा और तुम्हें मेरी संपत्ति से हिस्सा भी मिलेगा।"

इसलिए मैं निप्पर गया और वहाँ उनकी संपत्ति का कार्यभार संभाला, जो कि बहुत बड़ी थी। क्योंकि मैं महत्वाकांक्षा से भरा हुआ था और मैंने सफलतापूर्वक धन को संभालने के तीन कानूनों में महारत हासिल कर ली थी, इसलिए मैं उनकी संपत्तियों के मूल्य में और अधिक वृद्धि करने में सक्षम था।

अरकद ने बताया, "जब अल्गमिशने इस दुनिया से विदा ली, तब तक मैं समृद्ध हो चुका था, और मुझे उनकी संपत्ति में हिस्सा मिला जैसा कि उनकी वसीयत में लिखा था।" और जब उसने अपनी कहानी पूरी की, तो उसके एक मित्र ने कहा, "आप वास्तव में भाग्यशाली थे कि अल्गमिशने आपको उत्तराधिकारी बनाया।"

मैं भाग्यशाली सिर्फ इस बात में था कि पहली बार उनसे मिलने पर मैंने दौलतमंद बनने की इच्छा ज़ाहिर की थी। क्या चार साल तक मैंने अपनी कमाई का दसवां हिस्सा बचाकर यह साबित नहीं किया कि मुझमे अपने उद्देश्य को पाने की लगन है? क्या

आप एक मछुआरे को भाग्यशाली कहेंगे, जिसने वर्षों तक मछली की आदतों के बारे में अध्ययन किया, ताकि वह हवा बदलने के साथ उन पर जाल डाल सके? अवसर एक घमंडी देवता है जो उन लोगों के साथ समय बर्बाद नहीं करता जो खुद को उसका फ़ायदा उठाने के लिए तैयार नहीं रखते।

"आपके पास अपने पहले साल की बचत खोने के बाद भी मजबूत इच्छा शक्ति थी।उस मामले में आपअसाधारण हैं," दूसरेदोस्त ने कहा।

अरकद ने जवाब दिया। "इच्छा शक्ति! क्या बकवास है। क्या आपको लगता है कि इच्छा शक्ति एक आदमी को एक बोझ उठाने की ताकत देती है जिसे ऊंट नहीं उठा सकता है, या एक भार को खींचने की ताकत दे सकती है जिसे बैल नहीं हिला सकते? इच्छा शक्ति केवल एक कार्य करने का दृढ़ संकल्प है, जिसको आपने पूरा करने का फैसला लिया है। अगर मैं अपने लिए एक कार्य निर्धारित करता हूँ, चाहे वह कितना भी छोटा हो, मैं उसको कर लूंगा।नहीं तो, मुझमें महत्वपूर्ण काम करने के लिए आत्मविश्वास कैसे आएगा? अगर मैं खुद से कहूँ, 'सौ दिनों तक, जब मैं शहर जाने वाले पुल को पार करूंगा, तब मैं सड़क से एक कंकड़ उठाकर रोज़ नदी में डालूंगा," मैं यह करूँगा।

यदि सातवें दिन मैं यह भूलकर आगे बढ़ जाता हूँ, तो अपने आप से यह नहीं कहूँगा, कि कल मैं दो कंकड़ डालूंगा।इसके बजाय, मैं अपने कदम पीछे कर लूँगा और कंकड़ डाल दूंगा। और न ही बीसवें दिन मैं अपने आप से कहूँगा, 'अरकाद, यह बेकार है। रोज कंकड़ डालने से क्या फायदा? एक बार ही मुट्ठी भर फेंको और इस झंझट से मुक्ति पाओ महीं, मैं ऐसा नहीं कहूँगा और न ही करूंगा।जब मैं अपने लिए कोई कार्य निर्धारित करता हूँ, तो मैं उसे पूरा करता हूँ।

इसलिए, मैं सचेत रहता हूँ कि मैं कठिन और अव्यवहारिक कार्यों को शुरू न करूं, क्योंकि मुझे फुरसत के पल पसंद है।

और फिर एक अन्य मित्र ने बात की और कहा, "यदि आप जो कहे रहे हैं वह सच है, और जैसा आपने कहा है, वह तर्कपूर्ण लगता है, फिर इतना सरल होने के कारण, यदि सभी पुरुषों ने ऐसा किया, तो पर्याप्त धन का आदान-प्रदान नहीं हो पाएगा।"

अरकद ने उत्तर दिया। "धन वहाँ बढ़ता है जहाँ लोग मेहनत करते हैं, यदि कोई धनी व्यक्ति अपने लिए एक नया महल बनाता है, तो वह जिस सोने का भुगतान करता है क्या वह गायब हो जाता है? नहीं, ईंट बनाने वाले के पास इसका हिस्सा है और मजदूर के पास इसका हिस्सा है, और कलाकार के पास इसका हिस्सा है।और जो कोई

महल बनाने में परिश्रम करता है, उन सबको उनका हिस्सा मिलता है, फिर जब महल बनकर तैयार हो जाता है, तो क्या वह अपनी लागत जितना क़ीमती नहीं होता? और क्या वह ज़मीन जिस पर महल बना है, उसकी क़ीमत नहीं बढ़ती? और क्या उस महल के आसपास की ज़मीन की क़ीमत नहीं बढ़ेगी? धन जादुई तरीकों से बढ़ता है। कोई भी आदमी इसकी सीमा की भविष्यवाणी नहीं कर सकता। क्या फोनीशियनों ने समुद्र पर उनके व्यापार के जहाजों से आने वाली संपत्ति के साथ बंजर तटों पर महान शहर नहीं बनाए हैं?”

उसके एक अन्य दोस्त ने पूछा, “तो फिर आप हमें क्या करने की सलाह दोगे जिससे कि हम भी अमीर बन जाएँ? हमारे कई साल बर्बाद चुके हैं और हम अब युवा नहीं रहे और हमारे पास कोई बचत भी नहीं है।”

“मैं सलाह देता हूँ कि आप अल्गमिश के ज्ञान को अपनाए और अपने आप से कहें, ‘मैं जो कुछ कमाता हूँ उसका एक हिस्सा मैं अपने लिए बचा कर रखूँगा।’ इसे आप सुबह उठते ही आपने आप से दोहराएँ। दोपहर में दोहराएँ। रात में दोहराएँ। इसे हर दिन हर घंटे दोहराते रहें। इसे अपने आप से तब तक कहते रहो, जब तक कि ये शब्द आकाश में आग के अक्षरों की तरह साफ दिखाई न देने लगे।

“अपने आप को इस विचार से प्रभावित करें। अपने आप को विचार से भरें। फिर आय का जितना भी हिस्सा ठीक लगे, उसे बचाएं। इसे ऐसे निर्धारित करें कि वह आपकी कमाई के दसवें हिस्से से कम न हो। यदि आवश्यक हो तो अपने अन्य खर्चों को कम करें। लेकिन पहले उस दसवें हिस्से को अलग रख दें। जल्द ही आप उस ख़ज़ाने के मालिक बन जाएंगे, जिस पर सिर्फ आपका ही हक़ होगा, और इस एहसास से आपको संतुष्टि मिलेगी। जैसे-जैसे यह बढ़ता जाएगा, यह आपको उसको और अधिक बढ़ाने की प्रेरणा देगा। जीवन का एक नया आनंद आपको रोमांचित करेगा।

अधिक कमाने के लिए आप और अधिक कोशिश करेंगे। आपकी बढ़ी हुई कमाई से, क्या आपकी बचत की प्रतिशत नहीं बढ़ेगी?

फिर अपने ख़ज़ाने को अपने लिए काम करना सिखाओ। इसे अपना गुलाम बनाओ। इसके बच्चों और फिर उसके बच्चों के बच्चों को अपने लिए काम करना सिखाओ।

अपने भविष्य के लिए एक आय को सुरक्षित रखे। बुजुर्गों को देखें और यह न भूलें कि आने वाले दिनों में आप भी उनके बीच गिने जाएंगे। इसलिए बड़ी सावधानी से अपने ख़ज़ाने का निवेश करें ताकि यह बर्बाद न हो जाए। मुनाफे की व्यर्थ दरें

धोखेबाज़ी का सायरन हैं जो अपनी आकर्षित योजनाओं से सबको लुभाते हैं लेकिन यह असावधान लोगों को नुकसान और पछतावे के अलावा और कुछ नहीं देती।

बुद्धिमान पुरुषों से परामर्श करें। उन पुरुषों की सलाह लें, जिनका दैनिक कार्य पैसे को संभालना है। वह आपको ऐसी ग़लतियों से बचाने में मदद करेंगे, जैसा कि मैंने ईंट बनाने वाले अजमूर को अपनी कमाई सौंपते समय की थी। कम लेकिन सुरक्षित मुनाफ़ा जोखिम से कहीं अधिक बेहतर है।

यहाँ रहते हुए जीवन का आनंद लें। अधिक तनाव न लें या बहुत अधिक बचत करने का प्रयास न करें। यदि आप अपनी कमाई का दसवां हिस्सा आराम से बचा पा रहे हैं, तो उतना ही बचाकर संतुष्ट रहें। अपनी आय के अनुसार जीवन जिएं, ज़रूरत से ज़्यादा कंजूस न बनें, और न ही खर्चा करने से डरें। जीवन बहुत अच्छा है और जीवन में बहुत सी सार्थक चीज़ें हैं, जिनका आनंद लेना चाहिए।

उसके दोस्तों ने उसका आभार व्यक्त किया और चले गए। जाते समय कुछ चुप थे, क्योंकि उनके पास कोई कल्पना नहीं थी और वे अरकद की बातें समझ नहीं सके थे। कुछ लोग व्यंग्यात्मक थे, क्योंकि वह सोच रहे थे कि इतने अमीर आदमी को पुराने दोस्तों में कुछ धन बांटना चाहिए जो उसके जितने भाग्यशाली नहीं थे। लेकिन कुछ की आंखों में एक नई रोशनी थी। उन्होंने महसूस किया कि अल्गमिश हर बार शास्त्रियों के कमरे में वापस आता था, क्योंकि वह देख रहा था कि एक आदमी अंधेरे से प्रकाश की ओर बढ़ रहा है। जब उस आदमी को ज्ञान का प्रकाश मिल गया, तो एक अवसर, एक पद उसकी प्रतीक्षा कर रहा था। कोई भी उस स्थान को तब तक नहीं भर सकता था जब तक कि वह अवसर के लिए तैयार न हो और अपने ज्ञान को विकसित न करले।

ये बाद वाले लोग, कई सालों तक अक्सर अरकद से मिलते रहें, जिसने ख़ुशी से उनका स्वागत किया। उसने उनके साथ परामर्श किया और उन्हें समझदारी भरी सलाह दी, जैसा अनुभवी लोग अक्सर ख़ुशी-ख़ुशी करते हैं। और उसने उनकी बचत को इस प्रकार निवेश करने में सहायता की, जिससे उन्हें सुरक्षित ब्याज़ मिल सके और उनका पैसा सुरशित रहे और वह उन निवेशों में न उलझे जो उनको लाभ न दे सके।

इन लोगों के जीवन में एक महत्वपूर्ण मोड़ उस दिन आया, जब उन्हें उस सच्चाई का एहसास हुआ, जो अल्गमिश से अरकद और अरकद से उन्हें जानने को मिली थी।

अपनी कमाई का दसवां हिस्सा अपने पास रखें ।

खाली पर्स के
सात इलाज

बैबिलोन की प्रतिष्ठा सदा बनी रहती है। सदियों के बाद भी, अपने शानदार ख़ज़ानों के कारण, यह सबसे अमीर शहरों में गिना जाता है। परंतु हमेशा से ऐसा नहीं था। बैबिलोन अपने नागरिकों की बुद्धिमानी के कारण दौलतमंद बना था।

वहाँ के नागरिकों ने, पहले अमीर बनना सीखा था।

राजासरगोन, जब अपने शत्रु को हराकर बैबिलोन लौटें, तब वह एक गंभीर स्थिति का सामना कर रहे थे। शाही कुलाधिपति ने राजा को बताया :

"आपकी महिमा ने सिंचाई के लिए नहरों और देवताओं के शक्तिशाली मंदिरों का निर्माण किया था, जिससे कई सालों तक हमारे लोग समृद्ध रहें, अब जब ये काम पूरा हो गया है, तो लोग खुद का भरण-पोषण करने में असमर्थ हैं। मजदूर बेरोजगार हैं। व्यापारियों के पास कुछ ही ग्राहक बचे हैं। किसान अपनी फ़सल बेचने में असमर्थ हैं। लोगों के पास भोजन खरीदने के लिए पर्याप्त सोना नहीं है।"

"लेकिन वह सारा सोना कहाँ गया जो हमने इन महान उन्नतियों के कार्यों पर खर्च किया था?" राजा ने पूछा।

कुलाधिपति ने जवाब दिया, "मुझे लगता है, कि वह सोना हमारे शहर के कुछ बहुत अमीर लोगों के कब्जे में है। यह हमारे अधिकांश लोगों की उंगलियों के माध्यम से उस ऐसे निकाल गया, जैसे बकरी का दूध छलनी से निकाल जाता है। अब सोने की धारा बहना बन्द हो गई है, और हमारे अधिकांश लोगों की कमाई खत्म हो चुकी है।"

राजा कुछ देर सोच में पड़ा रहा। फिर उसने पूछा, "इतने कम लोग कैसे सारा सोना हासिल कर सकते हैं?"

कुलाधिपति ने उत्तर दिया, "क्योंकि वे लोग सोने को हासिल करना जानते हैं। हम किसी भी कामयाब व्यक्ति की निंदा सिर्फ नहीं कर सकते, क्योंकि वह कामयाब होने का तरीका जानते हैं। न ही यह न्याय होगा, कि उनकी मेहनत से कमाया हुआ सोना, हम कम योग्य व्यक्तियों में बाँट दें।"

राजा ने पूछा, "लेकिन क्यों! क्या सभी लोगों को नहीं सीखना चाहिए कि सोना कैसे जमा किया जा सकता है, जिससे वह भी अमीर और समृद्ध बन सके?"

संभव है, महाराज। लेकिन उन्हें सिखाएगा कौन? पुजारी तो निश्चित रूप से नहीं, क्योंकि वे धन कमाना नहीं जानते।

"हमारे पूरे शहर में सबसे बेहतर तरह से कौन जानता है कि अमीर कैसे बना जाता है?" राजा ने पूछा।

"आपका प्रश्न ही उत्तर दे रहा है, महाराज। बैबिलोन में सबसे बड़ी संपत्ति किसने जमा की है?"

"बिल्कुल सही कहा, मेरे योग्य कुलाधिपति। वह अरकद है। वह बैबिलोन का सबसे अमीर आदमी है। उसे कल ही मेरे पास लेकर आओ।"

अगले दिन, जैसा कि राजा ने आदेश दिया था, अरकद उसके सामने पेश हुए, हालांकि अब वह बूढ़े हो चुके थे, परंतु अभी तेज़ और फुर्तीले नज़र आ रहे थे।

राजा बोला, "अरकद, क्या यह सच है कि तुम बैबिलोन के सबसे अमीर आदमी हो?"

"लोग ऐसा कहते है, महाराज, और कोई भी इस पर संदेह भी नहीं करता है।"

"तुम इतने अमीर कैसे बन गए?"

"उन अवसरों का लाभ उठाकर, जो हमारे महान शहर के सभी नागरिकों के लिए उपलब्ध हैं।"

"तुम्हारे पास शुरूआत में तो कुछ भी नहीं था?"

"केवल धन कमाने की एक तीव्र इच्छा थी। इसके अलावा, कुछ भी नहीं।"

राजा ने आगे कहा, "अरकद, हमारा शहर बहुत दयनीय स्थिति में है क्योंकि यहाँ कुछ ही लोग धन कमाना जानते हैं और इसलिए धन पर उनका एकाधिकार हो चुका

है, जबकि हमारे ज़्यादातर नागरिकों को इसका ज्ञान नहीं है कि वे सोने की बचत करके कैसे खुद धनवान बना सकते हैं।"

मेरी इच्छा है कि बैबिलोन दुनिया का सबसे धनी शहर बनें। इसलिए, इस शहर में कई धनी पुरुष होने चाहिए। इसलिए, हमें सभी लोगों को धन अर्जित करना सिखाना होगा। मुझे बताओ, अरकद, क्या धन प्राप्ति का कोई रहस्य है? क्या इसे सिखाया जा सकता है?

"महाराज, यह व्यावहारिक है, कि अगर कोई आदमी किसी चीज़ के बारे में कुछ जानता है, तो वह वही चीज़ दूसरों को भी सीखा सकता है।"

राजा की आँखें चमक उठीं। "अरकद, तुमने वह शब्द बोले, जो मैं सुनना चाहता था। क्या तुम इस महान कार्य में हमारा साथ देने को तैयार हो? क्या तुम अपना ज्ञान शिक्षकों को दे सकते हो, जिससे वह हर दूसरे व्यक्ति को तब तक पढ़ाएगाजब तक कि हमारे शहर के हर एक नागरिक को अमीर बनने का तरीका न पता चल जाए?"

अरकद ने झुककर कहा, "मैं आपका विनम्र सेवक हूँ, मैं आपकी आज्ञा का ज़रूर पालन करूंगा। मेरे पास जो भी ज्ञान है, मैं उसे ख़ुशी से अपने साथियों की भलाई और अपने राजा की महिमा के लिए बांटने को तैयार हूँ। अपने योग्य कुलाधिपति को मेरे लिए सौ पुरुषों की एक सूची की व्यवस्था करने के लिए कहें, और मैं उन्हें वे सात इलाज़ सिखाऊँगा जिनसे मेरा पर्स मोटा हो गया था, जो कभी पूरे बैबिलोन का सबसे खाली पर्स हुआ करता था।"

दो सप्ताह बाद, राजा के आदेश के अनुसार, चुने हुए सौ लोग ज्ञान के मंदिर के हॉल में इकट्ठे हुए, और एक अर्धवृत्त के आकार में बैठे गए। अरकद एक छोटे से ताबूत के पास बैठा था, जिस पर एक पवित्र दीपक जल रहा था, वहाँ से एक अजीब और मनभावन गंध आ रही थी।

जैसे ही अरकद खड़ा हुआ, एक छात्र अपने पड़ोसी को कोहनी मारते हुए बोला, "देखो बैबिलोन के सबसे धनी व्यक्ति। लेकिन वह भी हम बाकी लोगों की तरह ही एक इंसान है।"

अरकद ने शुरू किया, "हमारे महान राजा के एक कर्तव्य परायण विषय के लिए, मैं उनकी सेवा में आपके सामने खड़ा हूँ।"

पहले मैं एक गरीब युवक था जिसे सोना पाने की बहुत इच्छा थी, क्योंकि मुझे वह ज्ञान मिला जिसने मुझे इसे हासिल करने में सक्षम बनाया, वह चाहते हैं कि वही ज्ञान मैं आप लोगों को भी दूँ, जिससे आप लोग भी मेरी तरह अमीर बन सको।

"मैंने अपना जीवन बहुत दीनता के साथ शुरू किया था। मेरे पास कोई सुविधा नहीं थी, जैसा कि तुम और बैबिलोन के प्रत्येक नागरिक ने जिनका पूरा आनंद नहीं लिया।"

मेरे खज़ाने का पहला भण्डार एक पर्स था। मुझे इसकी बेकार के खालीपन से नफरत थी। मैं चाहता था कि यह गोल और भरा हुआ हो, सोने की आवाज से खनकता हुआ। इसलिए, मैंने दुबले-पतले पर्स के लिए हर तरह के इलाज़ की तलाश की। जिससे मुझे सात इलाज़ मिले।

आप लोग, जो मेरे सामने इकट्ठे हुए हैं, मैं आप लोगों के सामने एक खाली पर्स को भरने के लिए सात इलाजों की व्याख्या करूंगा, जो मैं उन सभी पुरुषों को बताता हूँ जो बहुत अधिक सोना हासिल करना चाहते हैं। सात दिनों तक हर दिन मैं आपको सात इलाजों में से एक-एक इलाज़ समझाऊंगा।

उस ज्ञान को ध्यान से सुनना, जो मैं आप लोगों को अब बताने जा रहा हूँ। उनके विषय में मेरे साथ बहस करना। आपस में चर्चा करना। इन शिक्षा को अच्छी तरह से सीखना, इसी शिक्षा को पाकर आप भी अपने पर्स में धन के बीज बो सकोगे। पहले आप में से प्रत्येक को बुद्धिमानी से इन इलाजों को अपनाकर खुद अमीर बनना होगा। उसके बाद ही इन शिक्षाओं को आप दूसरों को सिखाने के लिए सक्षम बनोगे।

मैं आप लोगों को सरल तरीके से सिखाऊंगा कि कैसे अपने पर्स को मोटा करना है। यह धन के मंदिर की ओर जाने वाला पहला कदम है, और कोई भी आदमी आगे की सीढ़ियों पर नहीं चढ़ सकते जो पहले कदम पर अपने पैर मजबूती से नहीं रखते।

"अब हम पहले इलाज़ पर विचार करेंगे।"

पहला इलाज

अपने पर्स को मोटा बनाना शुरू करें

दूसरी पंक्ति में बैठे एक विचारशील व्यक्ति को संबोधित करते हुए अरकद ने उससे पूछा। "मेरे अच्छे दोस्त, आप किस शिल्प में काम करते हैं?"

आदमी ने उत्तर दिया, "मैं एक मुंशी हूँ और मिट्टी की पट्टियों पर अभिलेख लिखता हूँ।"

"मैंने भी ऐसे काम से अपना पहला ताँबा कमाया था। इसलिए, आपके पास धन कमाने का मेरे समान ही अवसर है।"

उसने एक फूले हुए चेहरे वाले व्यक्ति से बात की, जो बहुत पीछे था। "आप अपनी रोज़ी-रोटी कमाने के लिए क्या करते हैं?"

उस आदमी ने जवाब दिया, "मैं एक कसाई हूँ। मैं बकरियों को किसानों से खरीदता हूँ, और उन्हें काँट कर उनका मांस गृहिणियों को और खाल को जूते बनाने वालों को बेचता हूँ।"

"क्योंकि कि आप भी मेरी तरह परिश्रम से कमाई करते हैं, इसलिए तुम्हारे पास भी सफलता पाने का उतनी ही सुविधा है, जितनी मेरे पास थी।"

इस प्रकार अरकद ने वहाँ मौजूद हर व्यक्ति से उनके जीविका कमाने के साधन के बारे में यह पता लगाने की कोशिश की। सबसे सवाल पूछने के बाद उसने कहा:

"अब, मेरे छात्रों, आप सब देख सकते हैं कि ऐसे कई व्यवसाय और श्रम हैं जिन से व्यक्ति धन कमा सकता है। कमाई का प्रत्येक तरीका सोने की एक धारा है, जिसमें से कार्यकर्ता अपनी मेहनत से अपने हिस्से की धारा को अपने पर्सकी ओर मोड़ सकता है। इसलिए आप में से हरेक के पर्स में उसकी क्षमता के अनुसार बड़े या छोटे सिक्कों की एक धारा प्रवाहित होती है। क्या ऐसा नहीं है?"

वहाँ मौजूद सब लोग उसकी कही गई बात से सहमत हुए।

अरकद ने आगे कहा, "यदि आप सभी धनवान बनना चाहते हैं, तो क्या उस धन के स्रोत का उपयोग करना शुरू करना बुद्धिमानी नहीं है जिसे आपने पहले ही स्थापित कर लिया है?"

इस पर वे सहमत हो गए।

फिर अरकद ने एक गरीब आदमी की ओर रुख किया, जिसने खुद को अंडों का व्यापारी बताया था। "यदि आपने अपनी टोकरियों में से किसी एक टोकरी को चुनकर उसमें हर सुबह दस अंडे रखें और हर शाम नौ अंडे निकाल लिए, तो अंत में क्या होगा?"

"वह थोड़े दिनों बाद पूरी भर जाएगी।"

"क्यों?"

"क्योंकि हर दिन मैं जितने अंडे उसमें से निकलता हूँ, उससे एक अधिक अंडा रखता हूँ।"

अरकद मुस्कुराते हुए कक्षा की ओर मुड़ा। "क्या यहाँ किसी आदमी के पास खाली पर्स है?"

पहले तो वे ख़ुश दिख रहे थे। फिर वे हँसे। अंत में उन्होंने मजाक में अपने खाली पर्स लहराए।

ठीक है, उन्होंने आगे कहा, अब मैं आप लोगों को पहला इलाज़ बताऊंगा जो मैंने एक खाली पर्स को ठीक करने के लिए सीखा था।

आप लोगों को ठीक वैसा ही करना है जैसा मैंने अंडा व्यापारी को सुझाया था। अपने पर्स में रखे गए दस सिक्कों में से, उपयोग के लिए केवल नौ सिक्के ही निकालें। आपका पर्स उसके बाद धीरे-धीरे मोटा होना शुरू हो जाएगा और इसका बढ़ता वजन आपके हाथ में अच्छा लगेगा और आपकी आत्मा को संतुष्टि देगा।

मैंने जो कहा, उसकी सरलता के कारण उसको मज़ाक में मत लेना। सत्य हमेशा सरल होता है। मैंने आपसे कहा था कि मैं बताऊंगा कि मैंने अपनी संपत्ति कैसे बनाई। मैंने भी ऐसे ही शुरुआत की थी। मेरा पर्स भी पहले खाली रहता था और उसे मैं कोसा करता था, क्योंकि मेरी इच्छाओं को संतुष्ट करने के लिए उसके अंदर कुछ नहीं था। लेकिन जब मैंने अपने पर्स में दस सिक्के डालकर, नौ सिक्के निकालने शुरू किए, तो यह मोटा होने लगा। ऐसा ही आप लोगों के साथ भी होगा।

"अब मैं आप लोगों को एक अजीब सच बताऊंगा, जिसका कारण मैं भी नहीं जानता। जब मैंने अपनी कमाई के नब्बे प्रतिशत हिस्से से अधिक खर्च करना बंद कर दिया, तब भी मेरा खर्चा पहली की तरह आराम से चलता रहा। इसके अलावा, कुछ समय के बाद, मेरे पास सिक्के पहले की तुलना में अधिक आसानी से जमा हो रहें थे। निश्चय ही यह परमेश्वर की व्यवस्था है कि जो कोई भी अपनी सारी कमाई में से कुछ हिस्सा बचाकर रखता और खर्च नहीं करता है, उसे सोना अधिक आसानी से मिलता है।"

इसी तरह जिसका पर्स खाली होता है, सोना उससे परहेज करता है।

आप सबसे अधिक किसको पाने की इच्छा रखते हो? क्या यह आपकी हर दिन की इच्छाओं की संतुष्टि है - जैसे गहना, बेहतर वस्त्र, अधिक भोजन? ये सब चीज़ें जल्दी खत्म हो जाती है और भूला दी जाती हैं। या यह ज़्यादा महत्वपूर्ण सामान है - सोना, भूमि, मवेशी, व्यापार, आय में इजाफ़ा करने वाले निवेश? जो सिक्के आप अपने पर्स से पहले खर्च करते हैं, वे आपकी तात्कालिक ज़रूरतों को पूरा करते हैं। जो सिक्के आप उसमें छोड़ते हो, वे लंबे समय की ज़रूरतों को पूरा करते हैं।

मेरे छात्रों, यह पहला इलाज़ था जो मैंने अपने खाली पर्स के लिए खोजा था: *'मैं अपने पर्स के दस सिक्कों में से केवल नौ सिक्के ही खर्च किया करता था।'* इस पर

आपस में वाद-विवाद करना। यदि कोई इसे असत्य सिद्ध कर दे, तो मुझे कल बता देना।

दूसरा इलाज

अपने खर्चों पर नियंत्रण रखें

दूसरे दिन अरकद ने अपने छात्रों को संबोधित करते हुए कहा, "आप में से कुछ छात्रों ने मुझसे यह पूछा है: एक आदमी अपनी कमाई का दसवां हिस्सा अपने पर्स में कैसे रख सकता है, जबकि उसके द्वारा कमाए गए सभी सिक्के उसके आवश्यक खर्चों के लिए पर्याप्त नहीं हैं?"

"कल आप से कितने लोगों के पास खाली पर्स थे?"

"हम सभी के," कक्षा ने उत्तर दिया।

जबकि, आप सभी लोगों की कमाई समान नहीं हैं। कुछ दूसरों की तुलना में बहुत अधिक कमाते हैं। कुछ के पास भरण-पोषण करने के लिए बहुत बड़े परिवार हैं। फिर भी, सभी पर्स समान रूप से खाली थे। अब मैं आप लोगों को मनुष्यों के बारे में एक असामान्य सच्चाई बताऊंगा। वह यह है; कि हम में से प्रत्येक अपने 'आवश्यक खर्च' को हमेशा अपनी आय के बराबर बढ़ाते रहते हैं, जब तक कि हम इन पर काबू पाने की कोशिश नहीं करते।

अपनी इच्छाओं के साथ आवश्यक खर्चों को भ्रमित न करें। आप में से प्रत्येक व्यक्ति की, खुद की और परिवार के लोगों की इच्छाएं, आपकी कमाई से कई अधिक हैं। इसलिए आपकी कमाई इन इच्छाओं को शांत करने में खर्च की जाती है। इसके बावजूद भी आपकी कई अधूरी इच्छाएं बरकरार रहती हैं।

सभी मनुष्य जितना वे संतुष्ट कर सकते हैं उससे अधिक इच्छाओं के बोझ तले दबे हैं। मेरे धन के कारण आप लोगों को लगता है कि मैं हर इच्छा को पूरा कर सकता हूँ? 'यह एक ग़लत सोच है। मेरे समय की सीमाएं हैं। मेरी ताकत की सीमाएं हैं। उस दूरी की सीमाएं, जहां तक मैं यात्रा कर सकता हूँ। मैं जो खा सकता हूँ उसकी सीमाएं हैं। उस उत्साह की सीमाएं हैं जिसके साथ मैं आनंद ले सकता हूँ।

मैं आप लोगों से कहता हूँ कि जिस प्रकार किसान जहां कहीं भी जड़ों के लिए जगह छोड़ता है, वहाँ जंगली घास उगती है, वैसे ही जब भी इच्छाओं की संतुष्ट होने की संभावना होती है तो इंसान के अंदर स्वतंत्र रूप से इच्छाएं जागृतहोने लगती

हैं। हमारी इच्छाएं असीमित हैं, लेकिन जिन इच्छाओं को हम शांत कर सकते हैं, वे सीमित होती हैं।

सोच-समझकर अपनी जीवनशैली की आदतों का अध्ययन करें। यहाँ अक्सर कुछ खर्चे मिल सकते हैं जिन्हें सोच समझ कर कम या समाप्त किया जा सकता है। अपना यह सिद्धांत बना लें कि प्रत्येक सिक्के को खर्च करने पर, आपको सौ प्रतिशत संतुष्टि मिले।

"इसलिए, मिट्टी पर हर उस चीज़ को उकेरें जिसके लिए आप खर्च करना चाहते हैं। उनमें से केवल उनका ही चयन करें जो आवश्यक हैं और अन्य जो आपकी आय के नौ-दसवें हिस्से के खर्च के माध्यम से संभव हैं। बाकी को मिटा दें और उन्हें उन असीमित इच्छाओं को एक हिस्सा मानें, जो पूरी नहीं हो सकती और उनके लिए पछतावा न करें।"

"फिर अपने ज़रूरी खर्चों का बजट तैयार करें। उस दसवें हिस्से को मत छुओ, जो आपके पर्स को मोटा कर रहा है। वह मोटा पर्स आपकी प्रबल इच्छाओं की पूर्ति करेगा। अपने बजट पर काम करते रहें, समय-समय पर इसे नियंत्रित करते रहें। अपने मोटे पर्स की रक्षा करने के लिए, बजट को अपना पहला सहायक बनाए।"

इस पर एक छात्र लाल और सुनहरे रंग के कपड़ें पहने खड़ा हुआ और बोला, "मैं एक स्वतंत्र व्यक्ति हूँ।"

मेरा मानना है कि जीवन की अच्छी चीज़ों का आनंद लेना मेरा अधिकार है। इसलिए मैं एक बजट की गुलामी के खिलाफ विद्रोह करता हूँ जो यह निर्धारित करता है कि मैं कितना और किन-किन चीज़ों पर खर्च कर सकता हूँ। मुझे लगता है कि यह मेरे जीवन में ख़ुशी को कम कर देगा और यह मुझे बोझ ढोने वाले एक गधे जैसा बना देगा।

अरकद ने उससे पूछा, "मेरे दोस्त, आपका बजट कौन निर्धारित करेगा?"

विरोध करने वाले ने जवाब दिया, "मैं इसे अपने लिए खुद बनाऊंगा।"

अगर एक बोझा ढोने वाला गधा बजट तैयार करेगा, तो क्या वह उसमें गहने और गलीचा और सोने की भारी सलाखों को शामिल करेगा? वह ऐसा नहीं करेगा। वह इन सब चीज़ों के बजाय खुद पर रेगिस्तान के लिए घास, अनाज और पानी का बोझ लादेगा।

बजट का उद्देश्य आपके पर्स को मोटा करने में मदद करना है। यह आपकी ज़रूरतों को पूरा करने में आपकी सहायता करेगा, और जहाँ तक संभव होगा, आपकी अन्य

इच्छाओं को भी पूरी करेगा। इसकी मदद से ही आप सामान्य इच्छाओं से अपनी सबसे प्रिय इच्छाओं का बचाव कर पाएंगे, जिससे वह बाद में पूरी हो पाएँगी। एक अंधेरी गुफा में एक उज्ज्वल प्रकाश की तरह आपका बजट आपके पर्स के छेदों को दिखाता है और उन्हें बंद करने में आपकी मदद करता है। आपको निश्चित और संतुष्टिदायक उद्देश्यों के लिए अपने खर्चों को नियंत्रित करने में सक्षम बनाता है।

"एक खाली पर्स के लिए यह दूसरा इलाज़ है। अपने खर्चों के लिए बजट तैयार करें, जिससे कि आपके पास अपनी आवश्यकताओं को पूरा करने के लिए सिक्के रहें, और आप अपनी नब्बे प्रतिशत आय में ही अपनी सार्थक इच्छाओं का आनंद ले सकें।"

तीसरा इलाज

अपने सोने में वृद्धि करें

"देखो, आपका दुबला-पतला पर्स मोटा होता जा रहा है। और ऐसा इसलिए संभव हुआ, क्योंकि आपने अपनी कमाई का दसवां हिस्सा उसमें छोड़ने के लिए खुद को अनुशासित किया है। आपने अपने बढ़ते ख़ज़ाने की रक्षा के लिए अपने खर्चों को नियंत्रित किया है। इसके बाद, हम अब इस बारे में सोचेंगे कि आप अपनी बचत से किस तरह मेहनत करवा कर कैसे अपने ख़ज़ाने में बढ़ोतरी कर सकते हैं। पर्स में रखा सोना एक कंजूस आत्मा को संतुष्टि ज़रूर देता है, लेकिन वह कुछ कमाता नहीं है। हम अपनी कमाई से जो सोना बचाकर रख सकते हैं, वह सिर्फ एक शुरुआत है।

इस बचत से जो कमाई होगी वह हमारे भाग्य का निर्माण करेगी। इसलिए तीसरे दिन अरकद ने अपनी कक्षा से कहा।

इसके लिए, हम अपना सोना या बचत को कैसे काम में ला सकते हैं? मेरा पहला निवेश दुर्भाग्यपूर्ण था, क्योंकि मैंने सब कुछ खो दिया। इसकी कहानी मैं बाद में बताऊंगा। मेरा पहला लाभ दायक निवेश एक ऋण था जिसे मैंने ढाल बनाने वाले अग्रर नाम के एक व्यक्ति को दिया था। हर साल, वह अपने व्यापार में इस्तेमाल करने के लिए समुद्र के पार से बहुत बड़ी मात्रा में कांस्य खरीदता था। व्यापारियों को भुगतान करने के लिए पर्याप्त पूंजी की कमी के कारण, वह उन लोगों से उधार लेता जिनके पास अतिरिक्त धन होता था। वह एक सम्माननीय व्यक्ति था। बाद में जब उसकी ढालें बिक जाती थीं, उन पैसों से वह अपना उधार ब्याज़ सहित चुका देता था।

हर बार जब भी मैंने उसे उधार दिया, मैंने उसे ब्याज़ के पैसे भी उसको वापस उधार के रूप में दे दिए जो वह मुझे चुकता था।इसलिए न केवल मेरी पूंजी में वृद्धि हुई, बल्कि मेरी कमाई में भी वृद्धि हो जाती थी। सबसे अधिक संतुष्टि मुझे यह थी कि ये रकम ब्याज़ के साथ मेरे पर्स में वापस आ जाती थी।

"मेरे छात्रों, मैं आपको बता रहा हूँ, एक आदमी की संपत्ति उसके पर्स में रखे सिक्कों में नहीं होती है; संपत्ति वह आय है जो तुम खुद बनाते हो बचत को सही जगह निवेश करके, यह वह सोने की धारा है, जो लगातार उसके पर्स में बहती है और उसे हमेशा उभारती रहती है।यही हर इंसान चाहता है।आप में से हर एक यही चाहता है; कि एक आय लगातार उसके पर्स में आती रहे, फिर चाहे आप काम करें या कहीं दूर स्थान की यात्रा करें।"

मैंने ज्यादा आय अर्जित की है। इतनी ज़्यादा कि मुझे एक बहुत अमीर आदमी कहा जाता है। अग्रर को मेरे द्वारा दिया गया ऋण, लाभदायक निवेश में मेरा पहला प्रशिक्षण था। इस अनुभव से ज्ञान प्राप्त करते हुए, मैंने अपनी पूंजी में वृद्धि के रूप में अपने ऋण और निवेश बढ़ाया। पहले तो कुछ स्रोत से, उसके बाद कई स्रोतों से, मेरे पर्स में धन की एक सुनहरी धारा प्रवाहित होने लगी, जिसका मैं समझदारी से अपने मन मुताबिक इस्तेमाल कर सकता था।

देखो, मैंने अपनी मामूली कमाई से सोने के गुलामों का एक जत्था उत्पन्न किया था, प्रत्येक सिक्का मेरे लिए मेहनत करता और अधिक सोना कमाता था। जैसे उन्होंने मेरे लिए परिश्रम किया, वैसे ही उनके बच्चों ने भी और उनके बच्चों के बच्चों ने भी तब तक मेहनत की जब तक कि उनके संयुक्त प्रयासों से बड़ी आय नहीं हुई।

ज़्यादा कमाई करने पर सोना तेजी से बढ़ता है जैसा कि आप इस उदाहरण से समझेंगे:

एक किसान के घर जब उसका पहला बेटा पैदा हुआ, उसने एक साहूकार के पास, अपने बेटे के बीस साल का होने तक, चाँदी के दस सिक्कों को ब्याज पर रखने के लिए दे दिए। साहूकार हर चार साल में उसके मूल्य का एक चौथाई ब्याज देने पर सहमत हो गया। क्योंकि यह राशि उसने अपने बेटे के लिए अलग रखी थी, इसलिए किसान ने साहूकार से कहा कि वह ब्याज को भी मूलधन में जोड़ता रहे।

जब लड़का बीस साल का हो गया, तो किसान फिर से साहूकार के पास चांदी के बारे में पूछताछ करने के लिए गया।साहूकार ने समझाया कि, चूँकि यह राशि चक्रवृद्धि ब्याज से बढ़ रही थी, इसलिए उसने चांदी के जो दस सिक्के उसके पास रखे थे, अब बढ़कर साढ़े तीस सिक्के बन चुके हैं।

किसान यह जानकार बहुत ख़ुश हुआ, क्योंकि अभी बेटे को धन की ज़रूरत नहीं थी, इसलिए उसने उन्हें साहूकार के पास ही छोड़ दिया। जब बेटा पचास साल का हो गया, तब तक उसके पिता दूसरी दुनिया में जा चुके थे, साहूकार ने बेटे को भुगतान करते हुए चाँदी के एक सौ सड़सठ सिक्के दिए।

इस प्रकार पचास सालों में यह निवेश लगभग सत्रह गुना बढ़ गया था।

"तो, यह एक खाली पर्स के लिए तीसरा इलाज है: प्रत्येक सिक्के को इस तरह से मेहनत पर लगाए कि वह आगे भी नए सिक्कों का उत्पादन करते रहें, और अपनी आय में बढ़ोतरी करते रहें, जिससे धन की एक धारा लगातार आपके पर्स में बहती रहेगी।"

चौथा इलाज

अपने ख़ज़ाने को नुकसान से बचाएं

चौथे दिन अरकद ने अपनी कक्षा को संबोधित करते हुए कहा, "दुर्भाग्य को एक चमकदार निशान पसंद आता है। एक आदमी के पर्स में सोना दृढ़ता से संरक्षित किया जाना चाहिए, अन्यथा वह उसे खो सकता है। इसलिए बुद्धिमानी इसी में है कि देवताओं द्वारा हमें बड़ी राशि सौंपने से पहले, हमें कम राशि को सुरक्षित रखना सीखना चाहिए, तभी देवताओं को हम पर विश्वास होगा।"

सोने का हर मालिक अवसरों के बहकावे में आ जाता है, जिससे यह प्रतीत होता है कि वह सबसे प्रशंसनीय परियोजनाओं में निवेश करके बड़ी रकम कमा सकता है। अक्सर दोस्त और रिश्तेदार इस तरह के निवेश में उत्सुकता से प्रवेश कर रहे होते हैं और उससे भी ऐसा करने का आग्रह करते हैं।

निवेश का पहला ठोस सिद्धांत अपने मूलधन की सुरक्षा करना है। जहां आपके मूलधन के खो जाने का डर हो, तो क्या वहाँ बड़ी कमाई में दिलचस्पी लेना बुद्धिमानी है? मैं इसे सही नहीं कहे सकता। जोखिम का दंड संभावित नुकसान ही होता है। अपने धन का कहीं भी निवेश करने से पहले, उसका अध्ययन करें, यह तसल्ली करलें कि आपका धन पुनः प्राप किया जा सकता है या नहीं। तेज़ी से धन पाने की इच्छा आपको गुमराह न करदे इस बात का हमेशा ख्याल रखें।

किसी भी व्यक्ति को उधार देने से पहले, आप उसकी उधार चुकाने की क्षमता के बारे पता ज़रूर करलें और ऐसा करने के लिए उसकी प्रतिष्ठा के बारे में आश्वस्त करें, ताकि आप अनजाने में उसे अपनी मेहनत की कमाई उपहार में न देदें।

इससे पहले कि आप अपने धन को किसी भी क्षेत्र में निवेश करें, आप उस क्षेत्र में होने वाले खतरों से खुद को परिचित कराएं जो आपके धन को घेर सकते हैं।

उस समय मेरा अपना पहला निवेश मेरे लिए एक त्रासदी था। एक साल की सुरक्षित बचत मैंने एक ईंट बनाने वाले को सौंप दी, जिसका नाम अज़मुर था, जो दूर समुद्र में यात्रा कर रहा था और टायर से मेरे लिए फिनिशियन्स के दुर्लभ गहने खरीदने के लिए सहमत हो गया था। बाद में हमारी योजना थी कि उन गहनों को हम उंचें दामों में बेचकर, उससे हुए मुनाफे को आपस में बाँट लेंगे।

फिनिशियन्स बदमाश थे, उन्होंने अज़मुर को गहनों के नाम पर कांच के टुकड़े बेच दिए। मेरा खजाना खो चुका था। आज, मेरा प्रशिक्षण मुझे तुरंत यह समझा देगा कि एक ईंट बनाने वाले को गहने खरीदने के लिए पैसा सौंपना मूर्खता है।

इसलिए, मैं आप लोगों को अपने अनुभवों से यही सलाह देता हूँ: अति आत्मविश्वास में आकर अपने ख़ज़ाने को, ऐसी जगह निवेश न कर देना, जहां नुकसान का खतरा हो। बेहतर यही होगा कि ऐसे मामलों में आप, उन अनुभवी लोगों से विचार-विमर्श करें, जो लाभ कमाने के उद्देश्य से पैसे को संभालते हो। इस तरह की सलाह मांगने से मुफ़्त में मिल जाती है और क्या पता उनकी दी गई सलाह आपके निवेश करने वाली रकम के बराबर मूल्यवान हो। वास्तव में, इस सलाह का वास्तविक मूल्य आपके धन जितना ही साबित होगा, अगर वह आपको होने वाले नुकसान से बचाती है।

"तो, यह एक खाली पर्स के लिए चौथा इलाज़ है, और यह बहुत महत्वपूर्ण है, क्योंकि यह इलाज़ आपके पर्स को अच्छी तरह से भरने के बाद खाली होने से रोकता है। अपने ख़ज़ाने को नुकसान से बचाने के लिए केवल वहीं निवेश करें जहां आपका मूलधन सुरक्षित रहे, जहां आप उसे अपनी मर्ज़ी से पुनः प्राप्त कर सकें, और जहां से आप उचित ब्याज़ लेने में असफल न हों। बुद्धिमान पुरुषों से परामर्श लें। सोने के लाभदायक संचालन में अनुभवी लोगों की सलाह लें। उनके अनुभवों द्वारा असुरक्षित निवेशों से अपने ख़ज़ाने की रक्षा करें।"

पांचवां इलाज

अपने आवास को एक लाभदायक निवेश बनाएं

"यदि कोई व्यक्ति अपनी कमाई के नौवें हिस्से को अलग कर देता है, जिस से वह अपना खर्चा चलाता है और जीवन का आनंद लेता है, और यदि अपनी भलाई के लिए इन नौ भागों में से भी कुछ हिस्सा बचाकर, और उसको भी लाभदायक निवेश में बदल दें, तो उसके ख़ज़ाने में बहुत तेजी से वृद्धि होगी।" इसलिए अरकद उनकी कक्षा के पांचवें पाठ में बोलें।

बैबिलोन में हमारे बहुत से लोग अपने परिवारों को गंदे मकानों में पालते हैं। वे मकान मालिकों को उन कमरों के लिए किराए का भुगतान करते हैं जहां जगह की कमी के कारण उनकी पत्नियाँ मन लुभाने वाले पेड़-पौधें नहीं लगा सकती और उनके बच्चों के खेलने लिए भी कोई जगह नहीं है। वे बच्चे गंदी गलियों में खेल खेलते हैं।

"किसी भी आदमी का परिवार पूरी तरह से जीवन का आनंद तब तक नहीं ले सकता जब तक उसके पास एक ऐसा मैदान न हो जहां बच्चे स्वच्छ धरती पर खेल सकें और जहां पत्नी न केवल फूल उगाए, बल्कि अपने परिवार को खिलाने के लिए अच्छी समृद्ध फल-सब्जियाँ भी उगा सके।"

इंसान को अपने वृक्षों के अंजीर और अंगूरों को खाने से अलग तरह के आनंद का अनुभव होता है। अपने निवास स्थान का मालिक होने पर और उसकी देखभाल करने में उसको गर्व महसूस होता है, इससे उसका आत्मविश्वास बढ़ता है और वह अपने सभी सपनों को पूरा करने के लिए अधिक मेहनत और प्रयास करता है। इसलिए, मैं सलाह देता हूँ, प्रत्येक व्यक्ति के पास अपना घर होना चाहिए, जो उसे और उसके परिवार को आश्रय दे सकें।

और न ही अपना घर बनाना किसी नेक इरादे वाले व्यक्ति की क्षमता से परे है। क्या हमारे महान राजा ने बैबिलोन की दीवारों को इतना व्यापक रूप से नहीं बढ़ाया है कि अभी भी उनके भीतर बहुत ज़मीन खाली पड़ी है, और वह उचित मात्रा में खरीदी जा सकती है?

मेरे छात्रों, मैं आप लोगों को यह भी बता दूँ, कि साहूकार ख़ुशी-ख़ुशी उन पुरुषों की इच्छाओं पर विचार करते हैं जो अपने परिवारों के लिए घर और जमीन की तलाश करते हैं। आप ऐसे सराहनीय उद्देश्यों के लिए ईंट बनाने वाले और निर्माता को भुगतान करने के लिए आसानी से उधार ले सकते हैं, मगर आवश्यक राशि का एक उचित

हिस्सा आपको भी अपनी कमाई में से लगाना होगा, जिससे साहूकार को ये विश्वास हो सके कि आप लिया हुआ कर्ज़ चुका सकते हैं।

फिर जब घर बनकर तैयार हो जाएगा, तो आप साहूकार को उसी नियमितता के साथ भुगतान कर सकते हैं जैसे आप मकान मालिक को किराए के घर का भुगतान किया करते थे।क्योंकि प्रत्येक भुगतान साहूकार के प्रति आपकी उधारी को कम करेगा, और कुछ ही सालों में उससे लिए गए कर्ज़ से मुक्ति पा सकोगे।

उसके बाद बहुमूल्य सम्पत्ति पर मालिकाना हक़ पा कर, आप मन से प्रफुल्लित होगे, और आपको केवल उस पर राजा को ही कर अदा करना होगा।

"इस प्रकार उस व्यक्ति के लिए बहुत सारी आशीषें आती हैं जो अपने घर का मालिक है। और यह उसके जीवन यापन की लागत को बहुत कम कर देगा, अपनी कमाई का अधिक हिस्सा सुखों और अपनी इच्छाओं की संतुष्टि के लिए खर्च कर सकता है।एक खाली पर्स के लिए पांचवां इलाज़ है: अपना खुद का घर होना।"

छठा इलाज

भविष्य की आय को सुनिश्चित करें

अरकद छठे दिन अपनी कक्षा को संबोधित करते हुए बताते हैं, "प्रत्येक मनुष्य का जीवन उसके बचपन से लेकर वृद्धावस्था तक जाता है।यह जीवन का मार्ग है और कोई भी व्यक्ति इससे बच नहीं सकता जब तक कि भगवान उसे समय से पहले दुनिया से नहीं बुलाते।इसलिए मैं यह कहता हूँ कि हर व्यक्ति को अपने बुढ़ापे के दिनों के लिए एक सुरक्षित आय की तैयारी पहले ही कर लेनी चाहिए और साथ ही अपने परिवार के लिए धन की व्यवस्था रखनी चाहिए जिससे कि अगर वो कल को इस दुनिया में न भी रहें, तब भी उसके परिवार कोई आर्थिक परेशानी न हो।यह पाठ आप लोगों को यह निर्देश देगा कि किस तरह से आप अपने पर्स को पैसे से भरकर रख सकते हो।"

वह व्यक्ति, जो धन के नियमों को समझकर, एक बढ़ती हुई बचत प्राप्त करता है, उसे अपने भविष्य के बारे में सोचना चाहिए।उसे कुछ ऐसे निवेश या प्रावधान की योजना बनानी चाहिए जो कई वर्षों तक सुरक्षित रूप से टिके रहें और ज़रूरत के समय उपलब्ध हो सके, जिसकी उसने बुद्धिमानी से आशा की थी।

ऐसे कई तरीके हैं जिनके द्वारा एक आदमी अपने भविष्य को सुरक्षित रख सकता है।वह अपने ख़जाने को किसी भी गुप्त स्थान पर ज़मीन में दफनाकर छुपा सकता है। मगर, चाहे वह कितनी ही कुशलता से ख़ज़ाने को छुपा लें, फिर भी यह चोरों की नज़र

से नहीं बच सकता, चोर उसे लूट ही लेंगे।इस कारण से मैं इस योजना की सिफ़ारिश नहीं करता।

धन को सुरक्षित रखने के उद्देश्य के लिए वह घर या ज़मीन खरीद सकता है।अगर वह इस फ़ैसले में बुद्धिमानी दिखाता है तो, और भविष्य में उनकी उपयोगिता और मूल्य में वृद्धि होती है, तो वे अपने मूल्य में स्थायी होते हैं और उनकी कमाई या उनकी बिक्री से वह अपने उद्देश्य को अच्छी तरह से पूरा कर लेगा।

एक आदमी साहूकार को नियमित रूप से छोटी-छोटी राशि जमा करके अपने धन को बढ़ा सकता है।साहूकार उस पर जो ब्याज़ देगा वह मूलधन में जोड़ता जाएगा और काफी हद तक धन में वृद्धि होती जाएगी।मैं अंसन नामक एक चप्पल निर्माता को जानता हूँ, जिसने कुछ समय पहले उसने मुझे बताया कि आठ साल से हर हफ्ते वह साहूकार के पास चांदी के दो सिक्के जमा करता आ रहा है।साहूकार ने हाल ही में उसे हिसाब दिया, जिसे सुनकर वह बहुत ख़ुश हुआ। उसके द्वारा जमा की गई छोटी-छोटी राशि, हर चार साल में पच्चीस प्रतिशत ब्याज़ की प्रथागत दर से बढ़कर, अबचांदी के एक हजार चालीस सिक्कों में बदल गई है।

मैंने ख़ुश होकर उसे आगे भी ऐसा करते रहने के लिए प्रोत्साहित किया, और उसे अपनी संख्या के ज्ञान द्वारा समझाया कि बारह साल तक, अगर वह हर हफ्ते चांदी के दो सिक्के नियमित रूप से जमा करता रहेगा, तो अंत में साहूकार उसे चांदी के चार हजार सिक्के देगा, जो उसके शेष जीवन के लिए एक योग्य राशि होगी।

निश्चित रूप से, जब नियमितता के साथ किया गया इतना छोटा भुगतान ऐसे लाभदायक परिणाम देता है, तो हर व्यक्ति को अपने बुढ़ापे और अपने परिवार की सुरक्षा के लिए अपने ख़ज़ाने को सुरक्षित रखना चाहिए, फिर चाहे उसका व्यवसाय और उसका निवेश कितना भी समृद्ध क्यों न हो।

मैं चाहता हूँ कि मैं इसके बारे में और अधिक बता सकूं।मेरा यह विश्वास है कि किसी दिन बुद्धिमान व्यक्ति मृत्यु के खिलाफ बीमा करने के लिए एक योजना तैयार करेगा जिसमें कई पुरुष नियमित रूप से एक छोटी राशि का भुगतान करेंगे, उससे कुल मिलाकर प्रत्येक मृत सदस्य के परिवार के लिए एक उचित राशि प्राप्त होगी। मैं इसे वांछनीय के रूप में देखता हूँ और जिसकी मैं अत्यधिक अनुशंसा कर सकता हूँ।

लेकिन आज यह संभव नहीं है, क्योंकि इसे संचालित करने के लिए किसी भी व्यक्ति या किसी साझेदारी को जीवन से परे पहुंचना होगा।यह राजा के सिंहासन के समान स्थिर होना चाहिए।मुझे ऐसा लगता है कि ऐसी योजना कई लोगों के लिए एक बड़ा वरदान साबित होगी, क्योंकि पहला छोटा भुगतान भी किसी परिवार को एक सुखद भाग्य उपलब्ध करा सकता है।

क्योंकि हम आज के में जी रहे हैं, न कि आने वाले समय में, हमें अभी दूसरे साधनों और तरीकों का लाभ उठाकर अपने उद्देश्यों को पूरा करना चाहिए जो अभी हमारे समक्ष उपलब्ध हैं। इसलिए मैं सभी पुरुषों को सलाह देता हूँ, कि वे बुद्धिमानी और सुविचारित तरीकों से, अपने बुढ़ापे के लिए धन की व्यवस्था कर लें। एक आदमी जब कमाने में सक्षम नहीं रहे पाता या उसके मरने के बाद, वह खाली पर्स उसके परिवार के लिए बहुत से दुखों का कारण बन जाता है।

"तो, एक खाली पर्स का छठा इलाज यह है: अपनी बढ़ती उम्र की ज़रूरतों और अपने परिवार की सुरक्षा के लिए अग्रिम रूप से व्यवस्था करें।"

सातवां इलाज

अपनी कमाई करने की क्षमता बढ़ाएँ

अरकद ने सातवें दिन छात्रों को संबोधित करते हुए कहा, "मेरे छात्रों, आज मैं आप लोगों को एक खाली पर्स के सबसे महत्वपूर्ण इलाजों में से एक के बारे में बताने जा रहा हूँ। लेकिन मैं आज सोने के विषय में नहीं, बल्कि उनके बारे में चर्चा करूंगा, जो बहुत ही रंग-बिरंगे वस्त्र पहने हुए मेरे सामने बैठे हुए हैं। मैं आपसे उन विषयों के बारे में बात करूँगा, जो मनुष्य के मन और जीवन के भीतर हैं जो उनकी सफलता के पक्ष में या उसके विरुद्ध काम करते हैं।"

बहुत समय पहले मेरे पास एक युवक उधार लेने के लिए आया था। जब मैंने उससे उसकी आवश्यकता का कारण पूछा, तो उसने बताया कि उसकी कमाई उसके खर्चों का भुगतान करने के लिए अपर्याप्त थी। तब मैंने उसे समझाया, इस मामले में, साहूकार के लिए वह एक गरीब ग्राहक है, क्योंकि उसके पास उधार चुकाने के लिए कोई अतिरिक्त कमाई की क्षमता नहीं है, इसलिए कोई भी उसको उधार नहीं देगा।

मैंने उससे कहा, "आपको अधिक सिक्के अर्जित करने होगे। अपनी कमाने की क्षमता बढ़ाने के लिए आप क्या करते हो?"

उसने उत्तर दिया। "वह सब जो मैं कर सकता हूँ। छह बार मैंने अपने मालिक से अपने वेतन में वृद्धि करने का अनुरोध किया, लेकिन सफलता नहीं मिली। इससे ज्यादा बार कोई आदमी इस तरह का अनुरोध नहीं कर सकता।"

हम उसकी सादगी पर मुस्कुरा सकते हैं, फिर भी उसके पास अपनी आय बढ़ाने के लिए आवश्यकताएँ थी। उसके भीतर अधिक कमाने की तीव्र इच्छा थी, जो उचित और एक प्रशंसनीय इच्छा थी।

उपलब्धि से पहले, उसकी इच्छा होनी चाहिए। आपकी इच्छाएं मजबूत और निश्चित होनी चाहिए। सामान्य इच्छाएं कमजोर लालसाएं हैं। एक आदमी में अमीर बनने की इच्छा है, तो वह कोई उद्देश्य नहीं है। अगर एक आदमी को सोने के पांच सिक्के पाने की इच्छा है, तब वह एक वास्तविक इच्छा है जिसे वह पूरा करने के लिए नए-नए तरीके खोजेगा। सोने के पांच सिक्के कमाने के लिए अपनी इच्छा शक्ति के साथ लक्ष्य तक पहुँचने की कोशिश करेगा, उसको पाने के बाद, वह दस सिक्के और फिर बीस सिक्के और बाद में एक हजार सिक्के प्राप्त करने के समान तरीके खोज लेगा और, ऐसे करते-करते, एक दिन वह अमीर बन जाएगा। अपनी एक निश्चित छोटी इच्छा को पूरी करना सीखकर, उसने खुद को एक बड़ी इच्छा को पूरी करने के लिए प्रशिक्षित किया है। यह वह प्रक्रिया है जिसके द्वारा धन जमा होता है: पहले छोटी रकम में, फिर बड़ी रकम में जैसे-जैसे एक आदमी सीखता जाता है, वह और अधिक सक्षम हो जाता है।

इच्छाएं सरल और निश्चित होनी चाहिए। वे अपने स्वयं के उद्देश्य को विफल कर देती हैं, यदि वे बहुत ज़्यादा हो, बहुतभ्रमित करने वाली हो, या किसी व्यक्ति के प्रशिक्षण से परे हो।

जैसे मनुष्य अपने पेशे में माहिर हो जाता है, वैसे ही उसकी कमाई करने की क्षमता भी बढ़ जाती है। उन दिनों, जब मैं एक गरीब मुंशी था जो प्रतिदिन कुछ ताँबे के लिए मिट्टी पर नक्काशी करता था, मैंने देखा कि अन्य श्रमिक मुझसे अधिक काम करते थे और उनकी आय भी मुझसे अधिक थी। इसलिए, मैंने यह तय किया कि मैं उन सबसे अधिक काम करूंगा। मुझे उनकी सफलता का कारण खोजने में देर नहीं लगी। मेरे काम में अधिक रुचि, मेरे कार्य पर अधिक एकाग्रता, मेरे प्रयास में अधिक दृढ़ता थी और थोड़े समय बाद, कुछलोग ही एक दिन में मुझसे अधिक नक्काशी कर पाते थे। उचित तत्परता के साथ मेरे बढ़े हुए कौशल को पुरस्कृत किया गया था, क्या मेरे लिए यह आवश्यक था कि मैं आय में वृद्धि कराने के लिए अपने मालिक के पास छह बार जाता।

जितना अधिक हमारे पास ज्ञान होगा, उतना ही अधिक हम कमा सकते हैं। वह व्यक्ति जो अपने शिल्प के बारे में अधिक सीखना चाहता है, उसे भरपूर पुरस्कृत किया जाएगा। यदि वह एक कारीगर है, तो वह अपने कार्यक्षेत्र में सबसे कुशल लोगों के तरीकों और उपकरणों को सीखने की कोशिश कर सकता है। यदि वह कानून या उपचार के क्षेत्र में श्रम करता है, तो वह अपने पेशे के बारे में अन्य लोगों के साथ परामर्श और ज्ञान का आदान-प्रदान कर सकता है। यदि वह एक व्यापारी है, तो वह लगातार बेहतर सामान की तलाश कर सकता है जिसे कम क़ीमत पर खरीदा जा सकता है।

मनुष्य के मामलों में हमेशा परिवर्तन और सुधार होता रहता है, क्योंकि बुद्धिमान लोग हमेशा ही कुछ नए कौशल सीखते रहना चाहते हैं ताकि वे उनकी बेहतर सेवा कर सकें जिनके संरक्षण पर वे निर्भर हैं। इसलिए, मैं सभी पुरुषों से प्रगति की अग्रिम पंक्ति में रहने और स्थिर न रहने का आग्रह करता हूँ, अगर ऐसा नहीं करेंगे तो वे कहीं पीछे छूट सकते हैं। बहुत-सी चीज़ें मनुष्य के जीवन को लाभकारी अनुभवों से समृद्ध बनाने के लिए आती हैं। इस तरह की चीज़ें निम्नलिखित हैं, अगर एक आदमी को खुद का सम्मान करता है तो वह यह ज़रूर करेगा:

"उसे अपने सभी कर्ज़ों का भुगतान जल्द से जल्द करना चाहिए, और उसे ऐसे चीज़ें नहीं खरीदनी चाहिए जिसका भुगतान करने में वह असमर्थ हो।"

"उसे अपने परिवार की देखभाल करनी चाहिए ताकि वे उसके बारे में अच्छा सोचे और बोलें।"

"उसे अपनी एक वसीयत बनानी चाहिए, और यदि भगवान उसे अपने पास बुलाते हैं, तो उसकी संपत्ति का उचित और सम्मान जनक ढंग से विभाजन हो सके।"

"उसे दुर्भाग्य से घायल और पीड़ित लोगों पर दया करनी चाहिए और उनकी यथाशक्ति सहायता करनी चाहिए। उसे अपने प्रिय लोगों के लिए विचारशील कार्य करना चाहिए।"

इस प्रकार एक खाली पर्स का सातवां और अंतिम इलाज़ है, "कि आप अपनी शक्तियों का विकास करें, अध्ययन करें और समझदार बनें, अधिक कुशल बनें, अपने आत्मसम्मान के लिए कार्य करें।"

तो ये एक खाली पर्स के सात इलाज हैं, जो मैंने एक लंबे और सफल जीवन के अनुभवों से सीखे हैं, मैं उन सभी पुरुषों से इनका पालन करने का आग्रह करता हूँ जो धन की इच्छा रखते हैं। "मेरे छात्रों, बैबिलोन में उससे कहीं अधिक सोना है, जितना आप लोगों में सपने में भी नहीं सोचा होगा। यहाँ सबके लिए बेशुमार दौलत भरी पड़ी है।"

"जाओ और इन सत्यों पर अभ्यास करो, जिससे आप समृद्ध हो और धनवान बनो, जो आपका अधिकार भी है।"

सौभाग्य की देवी से मिलें

"यदि कोई व्यक्ति भाग्यशाली है, तो उसके सौभाग्य की
संभावित सीमा का कोई पूर्वाभास नहीं है। उसे यूफ्रेट्स नदी
में भी फेंक दिया जाए, तो ऐसा न हो कि वह न सिर्फ तैरकर
बाहर निकल आए, बल्कि हाथ में मोती भी ले कर निकले।"

— बेबीलोनियन कहावत

भाग्यशाली होने की इच्छा सार्वभौमिक है। चार हजार साल पहले प्राचीन बैबिलोन में पुरुषों के मन में भाग्यशाली बनने की इच्छा उतना ही मजबूत थी, जितनी यह इच्छा आजकल पुरुषों के मन में है। हम सभी यह आशा रखते है कि सौभाग्य की मनमौजी देवी हमारे पक्ष में हो।

क्या कोई तरीका है, जिससे हम उससे मिल सकते हैं और आकर्षित कर सकते हैं, न केवल उसकी अनुकूलदृष्टि को, बल्कि उसके उदार उपहार को भी पा सके? क्या सौभाग्य को आकर्षित करने का कोई तरीका है? प्राचीन बैबिलोन के लोग यही जानना चाहते थे। इस बारे में उन्होंने पता लगाने का फैसला किया। वे चतुर पुरुष और गहन विचारक थे। यह बताता है कि कैसे उनका शहर अपने समय का सबसे अमीर और सबसे शक्तिशाली शहर बना था।

उस सुदूर अतीत में, उनके पास कोई स्कूल या कॉलेज नहीं था। फिर भी उनके पास सीखने का एक केंद्र था और वह बहुत ही व्यावहारिक था। बैबिलोन की ऊंची इमारतों में एक राजा का महल, हैंगिंग गार्डन और देवताओं के मंदिरों के साथ उसको भी महत्व दिया गया था। आपको इतिहास की किताबों में इसका बहुत कम उल्लेख

मिलेगा, शायद इसका कोई उल्लेख न भी हो, फिर भी इस इमारत ने उस समय के माहौल पर एक शक्तिशाली प्रभाव डाला।

यह इमारत विद्या का मंदिर था जहां स्वैच्छिक शिक्षकों द्वारा अतीत के ज्ञान की व्याख्या की जाती थी और जहां खुले मंचों में लोकप्रिय रुचि के विषयों पर चर्चा की जाती थी। इसकी दीवारों के भीतर सभी लोग समान थे। सबसे गरीब गुलाम भी अपने तर्कपूर्ण विचारों से शाही घराने के राजकुमार की राय पर दण्ड से मुक्ति पा सकते थे।

विद्या के मंदिर में अक्सर आने वालों में, अरकद नाम का एक बुद्धिमान धनी व्यक्ति था, जिसे बैबिलोन का सबसे धनी व्यक्ति कहा जाता था। उनका अपना विशेष हॉल था जहां लगभग हर शाम पुरुषों का एक बड़ा समूह, जिसमें कुछ बूढ़े, कुछ बहुत छोटे, लेकिन ज्यादातर मध्यम आयु वर्ग के लोग दिलचस्प विषयों पर चर्चा और बहस करने के लिए एकत्रित होते थे। जैसे मानो यह जानने के लिए वह वहाँ आते हैं कि क्या वे भी अच्छे भाग्य को आकर्षित कर सकते हैं।

जब अरकद अपने अभ्यासी मंच पर टहल रहा था, तब सूरज रेगिस्तान की धूल की धुंध से चमकते हुए आग की एक बड़ी लाल गेंद की तरह डूब रहा था। कुछ लोग पहले से ही फर्श पर बिछे अपने छोटे-छोटे आसनों पर बैठकर, उसके आने का इंतज़ार कर रहे थे और कुछ अभीभी आते जा रहे थे।

“इस रात हम क्या चर्चा करेंगे?” अरकद ने पूछा।

थोड़ी झिझक के बाद, एक कपड़े बुनने वाले व्यक्ति ने रिवाज के अनुसार उठकर कहा, “मेरे पास एक विषय है जिस पर मैं चर्चा करना चाहता हूँ, लेकिन बताने में संकोच करता हूँ, ऐसा न हो कि यह विषय अरकद आपको और मेरे अच्छे दोस्तों को हास्यास्पद लगे।”

अरकद और अन्य लोगों ने उससे विषय बताने का आग्रह किया, तब उसने आगे कहा: “आज मैं भाग्यशाली रहा हूँ, क्योंकि मुझे रास्ते में सोने के सिक्कों से भरा हुआ पर्स एक मिला है। मेरी बड़ी इच्छा है कि मैं हमेशा भाग्यशाली बना रहूँ। मुझे लगता है, सभी पुरुष मेरे साथ इस इच्छा को साझा करते हैं, मेरा सुझाव है कि हम इस विषय पर बहस करें कि सौभाग्य को कैसे आकर्षित किया जाए ताकि हम उन तरीकों की खोज कर सकें जिससे हम सौभाग्य को लुभा सकें।”

“यहाँ सबसे दिलचस्प विषय की पेशकश की गई है,” अरकद ने टिप्पणी की, “हमारी चर्चा के लिए एक सबसे योग्य विषय है। कुछ पुरुषों के लिए, सौभाग्य एक ऐसा मौका होता है, जो एक दुर्घटना की तरह, बिना किसी उद्देश्य या कारण के हो सकता है। दूसरों का मानना है कि सभी अच्छे भाग्य की उत्प्रेरक हमारी सबसे उदार

देवी, अश्तर है, जो उसे प्रसन्न करने वालों को उदार उपहारों के साथ पुरस्कृत करने के लिए हमेशा उत्सुक रहती है। बोलो, मेरे दोस्तों, आप क्या कहते हैं, क्या हम यह पता लगाने की कोशिश करें कि क्या कोई ऐसा साधन है जिससे हम सभी सौभाग्य को लुभा सकते है?"

"हाँ! हाँ! बहुत अच्छा रहेगा!" उत्सुक श्रोताओं के बढ़ते समूह ने जवाब दिया।

इसके बाद अरकद ने आगे कहा, "हमारे चर्चा शुरू करने से पहले, आप लोग मुझे बताएं कि क्या आपमें से किसी और व्यक्ति को भी कपड़ा बुनकर की तरह कोई ऐसा अनुभव मिला है, जब आपको बिना मेहनत के मूल्यवान ख़ज़ाने या गहने मिले हो।"

वहाँ एक विराम था जिसमें सभी किसी से जवाब की उम्मीद कर रहे थे, लेकिन किसी ने कोई जवाब नहीं दिया।

"क्या, कोई नहीं है?" अरकद ने कहा, तो वास्तव में इस तरह का सौभाग्य होना दुर्लभ है। अब कौन सुझाव देगा कि हम अपनी खोज को कहां से शुरू करें?

"वह मैं दूंगा," अच्छे कपड़े पहने हुए युवक ने कहा, "जब एक आदमी भाग्य की बात करता है तो क्या यह स्वाभाविक नहीं है कि उसके विचार जुए की मेजों की ओर मुड़े? क्या ऐसा नहीं है कि हमसे कई लोग देवी की कृपा की उम्मीद में उसकी ओर देखते हैं, जैसे कि वह हमें भरपूर जीत का आशीर्वाद देगी?"

जैसे ही वह अपनी सीट पर बैठने लगा, एक आवाज सुनाई दी, रुको मत! अपनी कहानी जारी रखो! हमें बताओं, क्या आपको जुए की टेबल पर देवी की कृपा मिली थी? क्या क्यूब्स की लाल साइड ऊपर की ओर आई थी जिससे आपने डीलर से सारे पैसे जीत कर अपने पर्स में भर लिए थे या क्या क्यूब्स की नीली साइड ऊपर आई जिससे डीलर ने तुम्हारी मेहनत की चाँदी के सिक्कों को अपने कब्जे में कर लिया था?

युवक हंसा, फिर उसने जवाब देते हुए कहा, "मुझे यह मानने से कोई गुरेज नहीं है कि सौभाग्य की देवी को यह पता भी नहीं था कि मैं उपस्थित भी था। लेकिन आप में से बाकी लोगों के साथ कैसा रहा? क्या आपने देवी को आपके पक्ष में क्यूब्स को पलटने के लिए ऐसी जगहों पर इंतजार करते हुए पाया है? हम यह सुनने के साथ-साथ सीखने के लिए भी उत्सुक हैं।"

अरकद अचानक बोल पड़ा, "यह अच्छी शुरुआत है, हम यहाँ प्रत्येक प्रश्न के सभी पक्षों पर विचार करने के लिए एकत्रित हुए हैं। जुए की टेबल को अनदेखा करके अधिकांश पुरुषों की सामान्य प्रवृत्ति को नज़रअंदाज करना होगा, जो ज्यादा सोना जीतने की उम्मीद में चांदी की एक छोटी राशि को दांव पर लगाना पसंद करते हैं।"

दूसरे श्रोता ने कहा, मुझे कल की दौड़ की याद आ रही है, अगर देवी जुए की टेबल पर बार-बार आती हैं, तो निश्चित रूप से वह उन दौड़ों को नज़रअंदाज नहीं करती होगी जहां सोने का पानी चढ़ा हुए रथ और घोड़े कहीं अधिक उत्साह प्रदान करते हैं। हमें ईमानदारी से बताएं, अरकद क्या देवी ने आपके कानों में नीनवे के उन भूरे घोड़ों पर अपना दांव लगाने के लिए फुसफुसाया था? कल मैं आपके ठीक पीछे खड़ा था और मुझे अपने कानों पर विश्वास नहीं हुआ जब मैंने सुना कि आप भूरे घोड़ों पर अपना दांव लगा रहे थे। आप और हम सभी जानते है कि पूरे असीरिया में कोई भी टीम हमारे प्यारे घोड़ों को एक निष्पक्ष दौड़ में नहीं हरा सकती।

"क्या देवी ने आपके कान में भूरे घोड़ों पर शर्त लगाने के लिए बोला था, क्योंकि आखिरी मोड़ पर अंदर वाले काले घोड़ें को ठोकर लगी जिससे हमारे घोड़ों के रास्ते में बाधा आई और भूरे घोड़ों ने एक अनर्जित जीत हासिल करली?"

इस मज़ाक पर अरकद प्रसन्नतापूर्वक मुस्कुराया। हम यह कैसे सोच सकते हैं कि देवी किसी भी आदमी की घुड़दौड़ वाली शर्त में इतनी दिलचस्पी लेगी? मेरे लिए वह प्रेम और सम्मान की देवी है। जिसकी ख़ुशी ज़रूरतमंद लोगों की सहायता करने में और उन लोगों को पुरस्कृत करने में है। मैं उसे जुए की टेबल या किसी घुड़दौड़ में ढूंढने की कोशिश नहीं करता, जहाँ आदमी जीतने से अधिक सोना खो देते हैं, बल्कि अन्य जगहों पर उसकी तलाश करता हूँ, जहाँ पुरुषों के कार्य अधिक सार्थक और इनाम के योग्य होते हैं।

मिट्टी की जुताई में, ईमानदार व्यापार में, मनुष्य के सभी व्यवसायों में, उसके प्रयासों और उसके लेन-देन से लाभ कमाने का अवसर हैं। शायद उसे हर समय पुरस्कृत नहीं किया जाएगा, क्योंकि कभी-कभी उसका निर्णय दोषपूर्ण हो सकता है और कभी-कभी हवाएं और मौसम उसके प्रयासों को हरा सकते हैं। फिर भी, यदि वह निरंतर प्रयास जारी रखता है, तो वह आमतौर पर अपने लाभ को पाने की उम्मीद कर सकता है। ऐसा इसलिए है, क्योंकि लाभ की संभावना हमेशा उसके पक्ष में होती है।

लेकिन, जब एक आदमी जुआ खेलता है, तो स्थिति उलट जाती है, क्योंकि लाभ की संभावना हमेशा उसके खिलाफ होती है और हमेशा गेम कीपर के पक्ष में होती है। खेल को इस तरह से व्यवस्थित किया जाता है कि वह हमेशा कीपर का पक्ष लेता है। यह उसका व्यवसाय है जिसमें वह खिलाड़ियों द्वारा दांव पर लगाए गए सिक्कों से अपने लिए एक उदार लाभ बनाने की योजना बनाता है। कुछ खिलाड़ियों को पता होता है कि गेम कीपर के मुनाफे कितने निश्चित हैं और उनके जीतने की संभावना कितनी अनिश्चित है।

उदाहरण के लिए, आइए हम क्यूब पर लगाए गए दांव पर विचार करते हैं। हर बार इसे फेंकने पर हम शर्त लगाते हैं कि कौन-सा पक्ष सबसे ऊपर होगा। यदि यह लाल पक्ष है तो गेम कीपर हमें हमारे दांव का चार गुना भुगतान करता है। लेकिन अगर पांच में से कोई भी अन्य पक्ष सबसे ऊपर आते हैं, हम अपनी शर्त हार जाते हैं। इस प्रकार आंकड़े बताते हैं कि प्रत्येक शर्त पर हमारे पास हारने के पांच मौके हैं, क्योंकि वे एक लाल के लिए चार गुना भुगतान करता है, हमारे पास जीतने के चार मौके हैं। एक रात के खेल में गेम कीपर उम्मीद कर सकता है अपने लाभ के लिए दांव पर लगाए गए सभी सिक्कों का पांचवां हिस्सा रखें। क्या कोई व्यक्ति कभी-कभी बाधाओं के मुकाबले अधिक जीतने की उम्मीद कर सकता है ताकि वह अपने सभी दांवों का पांचवां हिस्सा हार जाए?

"फिर भी कुछ पुरुष कभी-कभी बड़ी रकम जीत लेते हैं," एक श्रोता ने स्वेच्छा से कहा।

अरकद ने आगे कहा, "बिल्कुल, वे जीतते हैं, लेकिन मेरे मन में यह प्रश्न आता है किक्या उन भाग्यशाली लोगों के लिए इस तरह से कमाए गए धन का कोई स्थायी मूल्य रहता है। मेरे परिचितों में बैबिलोन के कई सफल पुरुष हैं, लेकिन उनमें से मैं किसी एक का भी नाम नहीं ले सकता जिसने अपनी सफलता की शुरूआत ऐसे स्रोत के साथ की हो।"

"आप लोग जो आज रात यहाँ एकत्र हुए हैं, हमारे कई महत्वपूर्ण नागरिकों को जानते हैं। मेरे लिए यह जानना बहुत दिलचस्प होगा कि हमारे कितने सफल नागरिक जुए की टेबल को अपनी सफलता के लिए श्रेय दे सकते हैं। आप में से प्रत्येक उन लोगों के बारे में बताओ जिन्हें आपने इस तरह से सफलता पाते हुए देखा है। क्या आप लोग ऐसे किसी सफल व्यक्ति को जानते हो?"

एक लंबी चुप्पी के बाद, एक मसखरा आदमी बोला, "क्या आपकी पूछताछ में गेम कीपर को भी शामिल कर सकते हैं?"

अरकद ने जवाब दिया, "यदि आप में से कोई किसी और के बारे में नहीं सोच सकता है, तो अपने बारे में बताओ? क्या हमारे साथ कोई सुसंगत विजेता है जो जुए में हमेशा जीतता हो, लेकिन अपनी आय के ऐसे स्रोत के बारे में बताने में संकोच कर रहा हो?"

उनकी चुनौती का जवाब पीछे से कराहने की कई आवाज़ों में आया और हँसी के बीच फैल गया।

अरकद ने आगे कहा, "ऐसा लगता है कि हम ऐसी जगहों पर सौभाग्य की तलाश नहीं कर रहे हैं जहां देवी अक्सर आती हैं, इसलिए आइए हम अन्य क्षेत्रों का पता लगाएं। हम इसे खोए हुए पर्स को उठाकर नहीं पा सकते, न ही हम इसे जुआ खेल कर हासिल कर सकते हैं। जहां तक दौड़ का सवाल है, मुझे यह स्वीकारना होगा कि मैंने जितने सिक्के जीते हैं, उससे कहीं अधिक सिक्के वहाँ गंवाए हैं।"

"अब, मान लीजिए कि हम अपने व्यापारों और व्यवसायों पर विचार करते हैं। क्या यह स्वाभाविक नहीं है कि यदि हम एक लाभदायक लेन-देन करते हैं तो इसे सौभाग्य नहीं, बल्कि हमारे प्रयासों के लिए एक उचित पुरस्कार माना जाता है? मुझे लगता है कि हम देवी के उपहारों की अनदेखी कर रहे हैं। शायद वह वास्तव में हमारी सहायता करती है जब हम उसकी उदारता की सराहना नहीं करते हैं। आगे की चर्चा का सुझाव कौन दे सकता है?"

तब एक बुज़ुर्ग व्यापारी उठ खड़ा हुआ, और बोला, "सबसे आदरणीय अरकद आपकी और मेरे दोस्तों की अनुमति से, मैं एक सुझाव दे रहा हूँ। जैसा कि आपने कहा है, अगर हम अपने स्वयं के उद्योग और अपनी व्यावसायिक सफलता का श्रेय लेते हैं, तो उनसफलताओं पर विचार क्यों न करें जो हमें लगभग मिलते-मिलते रह गईं, वे घटनाएं जो हमारे लिए शायद सबसे अधिक लाभदायक सिद्ध होतीं। यदि वे सच में पूरे हो जाते, तो वे सौभाग्य के दुर्लभ उदाहरण बन जाते। क्योंकि वह पूरे नहीं हो पाएँ, इसलिए हम उन्हें अपना उचित पुरस्कार नहीं मान सकते। निश्चित रूप से यहाँ कई पुरुषों के पास इस तरह के अनुभव हैं।"

अरकद ने मंजूरी देते हुए कहा, "यहाँ एक बुद्धिमान दृष्टिकोण है, आप में से ऐसा कौन है जिसने भाग्य को अपनी मुट्ठी में से फिसलते हुए देखा है?"

कई हाथ उठे हुए थे, उनमें से एक उसी व्यापारी का भी था। अरकद ने उसे बोलने के लिए कहा।

"जैसा कि आपने इस दृष्टिकोण का सुझाव दिया था, हम पहले आपसे ही सुनना पसंद करेंगे।"

"मैं ख़ुशी-ख़ुशी एक कहानी सुनाऊँगा," व्यापारी ने कहा, "यह दर्शाता है कि अच्छी क़िस्मत एक आदमी के कितने करीब आ सकती है और कितनी लाहपरवाही के साथ वह उसको अपने हाथों से गवां देता है, जिससे उसे नुकसान होता है और वह बाद में सिर्फ पछतावा करता रह जाता है।"

कई साल पहले, जब मैं एक जवान युवक था, मेरी नई-नई शादी हुई थी और मैं अच्छी-खासी कमाई करने लगा था, एक दिन पिताजी मेरे पास आए और उन्होंने दृढ़ता

से आग्रह किया कि मैं एक निवेश में प्रवेश करूं।उनके एक अच्छे दोस्त के बेटे ने एक बंजर ज़मीन का टुकड़ा देखा था, जो हमारे शहर की बाहरी दीवारों से ज़्यादा दूर नहीं था।वह नहर से ऊंचाई पर स्थित था जहाँ पानी नहीं पहुँच सकता था।

मेरे पिताजी के दोस्त के बेटे ने उस जमीन को खरीदने की योजना बनाई, जिसमें वह तीन बड़े पानी के चक्के बनाएगा जो बैलों द्वारा संचालित किए जा सकेंगे और इस तरह जीवन देने वाले पानी को उपजाऊ मिट्टी तक पहुंचाएगा।इसे पूरा करने के बाद, उसने योजना बनाई कि वह उस ज़मीन को छोटे-छोटे इलाकों में विभाजित करके शहर के निवासियों को फल-सब्जियाँ उगाने के लिए बेच देगा।

"मेरे पिताजी के दोस्त के बेटे के पास इतना सोना नहीं था कि वह इस तरह के काम को पूरा कर सके।मेरी तरह, वह एक अच्छा पैसा कमाने वाला युवक था।उसके पिता, मेरे पिताजी जैसे, बड़े परिवार और छोटे साधनों के व्यक्ति थे।इसलिए, उसने इस उद्यम में प्रवेश करने के लिए कुछ लोगों के एक समूह को अपने साथ जोड़ने का फैसला किया।समूह में उसको बारह लोगों की ज़रूरत थी, जिनमें से हर एक कमाने वाला हो और अपनी कमाई का दसवां हिस्सा उद्यम में भुगतान करने के लिए सहमत होजब तक भूमि बिक्री के लिए तैयार नहीं हो जाती।उसके बाद सभी अपने निवेश के अनुपात में मुनाफे में से उचित हिस्सा आपस में बाँट लेंगे।"

मेरे पिताजी ने मुझसे कहा, "मेरे बेटे, अभी तुम जवान हो। यह मेरी इच्छा है कि तुम अपने लिए एक मूल्यवान संपत्ति का निर्माण करो, जिससे लोगतुम्हारा सम्मान करें। मैं चाहता हूँ कि तुम अपने पिता की बिना सोचे-समझी ग़लतियों के ज्ञान से लाभ उठाओ।"

मैंने अपने पिताजी को उत्तर देते हुए कहा, "मेरी भी यही इच्छा है।"

मैं तुम्हें यह सलाह देता हूँ। वही करो जो मुझे तुम्हारी उम्र में करना चाहिए था।अपनी कमाई का दसवां हिस्सा अनुकूल योजनाओं में निवेश के लिए रखो।अपनी कमाई के इस दसवें हिस्से को किसी भी लाभकारी योजना में निवेश करके, जो कुछ भी तुम कमाओगे, उससे तुम मेरी उम्र में आने से पहले अपने लिए एक मूल्यवान संपत्ति जमा कर लोगे।

पिताजी, आपकी सलाह बहुत प्रेरणादायक और बुद्धिमानी भरी है। मुझे अमीर बनने की बहुत इच्छा है। मगर, मेरी कमाई के साथ बहुत से खर्चे जुड़े हुए हैं।इसलिए, मैं आपकी सलाह के अनुसार चलने से हिचकिचा रहा हूँ। मैं जवान हूँ। और अभी मेरे पास काफी समय है।

"मैंने भी तुम्हारी उम्र में ऐसा ही सोचा था, लेकिन देखो, वर्ष बीतते गए, और मैं अभी तक शुरुआत भी नहीं कर सका।"

"पिताजी, हम एक अलग ज़माने में रहते हैं। मैं आपकी जैसी ग़लतियाँ करने से बचूंगा।"

"अवसर तुम्हारे सामने खड़ा है, मेरे बेटे। यह एक मौका दे रहा है जो धन की ओर ले जा सकता है। मैं तुमसे विनती करता हूँ, देर मत करो। कल मेरे दोस्त के बेटे के पास जाओ और इस निवेश में अपनी कमाई का दस प्रतिशत भुगतान करने के लिए उसके साथ सौदा करो। कल तुरंत जाओ। अवसर किसी व्यक्ति की प्रतीक्षा नहीं करता। आज यहीं है; जल्द ही यह चला गया है। इसलिए देर मत करो!"

"मेरे पिता की सलाह के बावजूद, मैंने उनकी बात नहीं मानी। उस समय पूर्व से व्यापारियों द्वारा सुंदर नए वस्त्र लाए गए थे, वह वस्त्र इतने सुंदर थे कि मेरी पत्नी और मुझे लगा हमें यह खरीद लेना चाहिए, और हमने वे खरीद भी लिए। क्या मुझे अपनी कमाई का दस प्रतिशत उस उद्यम में लगाने के लिए सहमत हो जाना चाहिए था, या हमें इन अन्य सुखों से खुद को वंचित करना चाहिए, जो हमें उस समय प्रिय थे। मैंने निर्णय लेने में देरी की, जब तक कि बहुत देर हो चुकी थी, बाद में मेरे पास अफसोस करने अलावा कुछ नहीं था। वह उद्यम उम्मीद से ज़्यादा लाभदायक साबित हुआ। मेरी कहानी आपको बता रही है कि मैंने कैसे एक सौभाग्यशाली अवसर को ऐसे ही गवां दिया।"

रेगिस्तान के एक स्वार्थी व्यक्ति ने टिप्पणी की, "इस कहानी से हमने जाना हैं कि जो व्यक्ति अवसर को स्वीकार करता है, सौभाग्य उसके पास आता है। संपत्ति के निर्माण के लिए हमेशा शुरुआत होनी चाहिए। वह शुरुआत सोने या चांदी के चंद सिक्के हो सकते हैं, जिसे एक आदमी अपनी कमाई से अपने पहले निवेश में बदल देता है। मैं खुद, कई मवेशियों का मालिक हूँ। मैंने मेवेशियों को पालने की शुरुआत तब की थी जब मैं एक मात्र लड़का था और चांदी के एक सिक्के से मैंने एक युवा बछड़ा खरीदा था। यह मेरे धन की शुरुआत होने के नाते, मेरे लिए बहुत महत्वपूर्ण था।"

"एक संपत्ति के निर्माण के लिए पहला कदम बहुत महत्वपूर्ण है। पहला कदम उठाने के साथ एक पुरुष श्रम से धन कमाने वाले पुरुष के बजाय निवेश से लाभ प्राप्त करने वाले पुरुष बन जाता है। कुछ लोग सौभाग्य से, यह कदम अपनी युवावस्था में ही उठा लेते हैंऔर इस तरह वित्तीय सफलता में उन लोगों से आगे निकल जाते हैं जो इस कदम को बाद में उठाते हैं या उन दुर्भाग्यपूर्ण पुरुष से, जैसे इस व्यापारी के पिता थे, जिन्होंने ऐसा कदम कभी नहीं उठाया।"

"अगर हमारे दोस्त, व्यापारी, ने अपने शुरुआती समय में, जब यह मौका आया था यह कदम उठाया होता, तो आज के दिन उन्हें इस दुनिया के बहुत सी चीज़ों के साथ आशीर्वाद मिला होता। अगर हमारे दोस्त, कपड़ा बुनकर ने भी सही समय पर यह कदम उठा लिया होता, तो आज सौभाग्य से उनके पास भी असीम धन होता।"

दूसरे देश का एक अजनबी उठकर बोला, "धन्यवाद, मैं भी कुछ कहना चाहता हूँ। मैं एक सीरियाई हूँ। मैं इतनी अच्छी तरह आपकी ज़ुबान नहीं बोल सकता। मैं इस व्यापारी दोस्त को एक नाम देना चाहता हूँ। शायद आपको यह विनम्र नहीं लगेगा। फिर भी मैं उसे उस नाम से बुलाना चाहता हूँ। लेकिन, अफसोस, मैं आपकी भाषा में वह शब्द नहीं जानता। अगर मैं इसे सीरिया में बोलूँ, तो आप नहीं समझेंगे। इसलिए, सज्जनों, मुझे बताओ कि आप उस आदमी को किस नाम से बुलाते हैं जो उन चीज़ों को करना बंद कर देता है जो उसके लिए बहुत अच्छे हैं।"

"आलसी," एक आवाज आई।

"वह आलसी है," सीरियाई चिल्लाया, उत्साह से अपने हाथ लहराते हुए, "जब अवसर उसके सामने होता तब वह उसे को स्वीकार नहीं करता है। वह इंतजार करता है। वह कहता है कि मेरे पास अभी बहुत काम है। वह उस काम को अलविदा कर, उससे कहता है कि मैं तुम्हें बाद के लिए छोड़ देता हूँ। अवसर, इतने आलसी आदमी का इंतजार नहीं करता। वह सोचता है कि अगर कोई आदमी भाग्यशाली बनना चाहता है तो वह उसके लिए तुरंत कदम उठाएगा। अगर कोई भी व्यक्ति अवसर को नज़रअंदाज़ करते हुए कोई कदम नहीं उठाता, वह हमारे दोस्त, इस व्यापारी की तरह बहुत बड़ा आलसी आदमी कहलाता है।"

व्यापारी उठा और विनम्रता से झुककर बोला, "मैं हमारे देश में आए इस अजनबी की प्रशंसा करता हूँ, जो सच बोलने में हिचकिचाए नहीं।"

"और अब हम अवसर की एक और कहानी सुनेंगे। क्या किसी और व्यक्ति के पास ऐसा कोई अनुभव है जिसे वो हमारे साथ बांटना चाहता हो?" अरकद ने वहाँ उपस्थित बाकी लोगों से पूछा।

एक अधेड़ उम्र के लाल वस्त्र वाले व्यक्ति ने जवाब दिया, "मेरे पास है, मैं जानवरों का खरीदार हूँ, आमतौर पर ऊंट और घोड़ों का। कभी-कभी मैं भेड़ और बकरियां भी खरीदता हूँ। मैं जो कहानी सुनाने जा रहा हूँ वह सच्चाई बताएगी कि एक रात कैसे मुझे अवसरमिला जब मुझे उसकी बिल्कुल भी उम्मीद नहीं थी। शायद इसी कारण से मैंने अपने हाथ में आए अवसर को खो दिया। इसके बारे में आप अपनी राय दें।"

ऊंटों की तलाश में, मैं दस दिनों की निराशाजनक यात्रा के बाद एक शाम शहर लौटा, तो रात होने के कारण शहर के फाटक बंद देखकर मुझे बहुत गुस्सा आया। मेरे नौकरों ने रात गुजारने के लिए अपना तम्बू लगाया, वहाँ हमारे पास रात बिताने के लिए बहुत कम खाना और पानी बिल्कुल भी नहीं था, उसी समय मुझसे एक बुजुर्ग किसान ने संपर्क किया, जो हमारी ही तरह फाटक बंद हो जाने के कारण शहर से बाहर रह गया था।

उन्होंने मुझसे कहा, "आदरणीय श्रीमान, आपको देखकर ऐसा लगता है कि आप मवेशियों के खरीदार हैं। यदि ऐसा है, तो मैं आपको अभी-अभी लाई गई भेड़ों के सबसे उत्कृष्ट झुंड को बेचना चाहूँगा। मेरी पत्नी बीमार है उसे बुखार है। मुझे जल्द ही वापस लौटना होगा। यदि आप मुझसे भेड़ें खरीद लें, तो मैं और मेरे नौकर अपने ऊँटों पर चढ़कर बिना देर किए वापस लौट सकते हैं।"

वहाँ इतना अंधेरा था कि मैं उसके झुंड को नहीं देख सकता था, लेकिन भेड़ों के मिमियाने से पता लग रहा था कि वह बड़ा झुंड था।

ऊँटों की तलाश में दस दिन बर्बाद करने के बाद, जब मुझे एक भी ऊंट नहीं मिला, इसलिए मुझे उसके साथ सौदेबाजी करने में ख़ुशी हुई। अपनी परेशानी के चलते, उन्होंने सबसे उचित मूल्य निर्धारित किया। मैंने सौदा स्वीकार किया, क्योंकि मैं यह अच्छी तरह से जानता था कि मेरे नौकर सुबह शहर के फाटकों के माध्यम से झुंड को ले जाकर उन्हें पर्याप्त लाभ पर बेच सकते हैं।

सौदा पक्का होने के बाद, मैंने अपने नौकरों को मशाल लाने के लिए कहा ताकि हम उस झुंड की गिनती कर सकें जिसमें किसान ने नौ सौ भेड़ों के होने की घोषणा की थी। इतनी प्यासी, बेचैन, भूखी भेड़ों को गिनने में हमें कितनी कठिनाई का सामना करना पड़ा उसके बारे में बता कर मैं आप लोगों को बोर नहीं करूंगा। रात के समय वह एक असंभव कार्य साबित हुआ। इसलिए, मैंने किसान को साफ-साफ कह दिया कि मैं उन्हें दिन के उजाले में गिनूंगा और फिर उसे भुगतान करूंगा।

उस बूढ़े किसान ने निवेदन करते हुए कहा, "कृपा करके आप आज रात मुझे क़ीमत की दो-तिहाई राशि का ही भुगतान कर दें, जिससे कि मैं अपने घर जा सकूँ। मैं अपने सबसे बुद्धिमान और शिक्षित नौकर को यहाँ छोड़ जाता हूँ, वह सुबह आपकी गिनती करने में सहायता कर देगा। वह भरोसेमंद है और बाद में आप उसे शेष राशि का भुगतान कर सकते हैं।"

"लेकिन मैं अपनी जिद् पर अड़ गया था और उस रात भुगतान करने से इनकार कर दिया। अगली सुबह, मेरे जागने से पहले, शहर के द्वार खुल गए और चार खरीदार

झुंड की तलाश में निकल पड़े। वे बहुत उत्सुक थे और उच्च क़ीमत चुकाने को तैयार थे, क्योंकि शहर पर घेराबंदी का खतरा मंडरा रहा था, और भोजन प्रचुर मात्रा में नहीं था। जिस क़ीमत पर मुझे उस किसान ने झुंड बेचने की पेशकश की थी, सुबह उसे उससे तीन गुना ज़्यादा क़ीमत मिली। इस प्रकार मैंने दुर्लभ अवसर को गवां दिया।”

अरकद ने टिप्पणी देते हुए कहा, “यह एक असामान्य कहानी है। यह हमें क्या शिक्षा देती है?”

एक काठी बनाने वाले बुज़ुर्ग ने कहा, “हमें इससे यह शिक्षा मिलती है कि जब हम आश्वस्त होते हैं कि हमारे सौदेबाजी में समझदारी है तो हमें तुरंत भुगतान कर देना चाहिए। अगर सौदा अच्छा है, तो आपको अपनी कमजोरियों से उतनी ही सुरक्षा की ज़रूरत है जितनी किसी अन्य व्यक्ति के खिलाफ। हम इंसान परिवर्तनशील हैं। हम अपने निर्णय को बहुत जल्दी-जल्दी बदलते है, और तब ज़्यादा होता है जब कोई ग़लत नहीं, बल्कि सही दिशा में निर्णय ले रहे होते हैं। हम ग़लत निर्णय लेते समय जिद्दी बन जाते हैं। सही निर्णय लेने में हम हिचकिचाते हैं और अवसर को गवां देते हैं। मेरा पहला निर्णय मेरा सबसे उचित निर्णय होता है। फिर भी मुझे हमेशा एक अच्छा सौदा करने के लिए खुद को तैयार करना मुश्किल लगता है। इसलिए, अपनी कमजोरियों से बचने के लिए, मैं तुरंत उस सौदे के लिए भुगतान कर देता हूँ। यह मुझे बाद में होने वाले पछतावे से बचाता है और मैं अपने सौभाग्य को अपने हाथों से फिसलने से बचा लेता हूँ।”

सीरियाई व्यक्ति ने एक बार फिर खड़े हो कर कहा, “धन्यवाद, मैं फिर से कुछ कहना चाहता हूँ, ये किस्से बहुत समान हैं। हर बार अवसर एक ही कारण से उड़ जाता है। हर बार अवसर देरी करने वाले व्यक्ति के पास अच्छी योजना लेकर आता है। हर बार वे संकोच करते हैं, यह नहीं कहते हैं कि अभी शुरुआत करने के लिए सबसे अच्छा समय है, मैं इसे जल्दी करता हूँ। इंसान इस तरह कैसे सफल हो सकता है?”

खरीदार ने जवाब देते हुए कहा, “मेरे दोस्त, आपकी बात में समझदारी है। सौभाग्य इन दोनों कहानियों में देरी से फ़ैसले लेने के कारण हाथ से निकल गया। परंतु, यह असामान्य नहीं है। देरी या आलस करने का स्वभाव सभी इन्सानों में है। हम सब अमीर बनने की इच्छा रखते हैं, फिर भी, कितनी बार अवसर आने पर, हम अपने आलस करने की आदत के कारण उसे समय पर स्वीकार नहीं करते और वो हमारे हाथों से निकाल जाता है। ऐसा करके हम अपने सबसे बड़े दुश्मन बन जाते हैं। अपनी जवानी के दिनों में मैं इस आलस शब्द को नहीं जानता था जो हमारे सीरिया के दोस्त को पसंद आया। मैंने पहले सोचा था कि यह मेरे अपने खराब निर्णय के कारण था जिससे मुझे कई लाभदायक निवेशों का नुकसान हुआ। बाद में, मैंने इसका श्रेय अपने जिद्दी स्वभाव को दिया। अंत में, मैंने इसे पहचान लिया कि यह क्या था - जहां कार्रवाई

की आवश्यकता थी, अनावश्यक देरी की आदत, कार्रवाई शीघ्र और निर्णायक होनी चाहिए।जब इसका असली चरित्र सामने आया तो मुझे इससे बहुत नफरत हो गई।मैंने बड़ी कोशिशों के बाद अपने इस सफलता के दुश्मन से पीछा छुड़ाया।"

"धन्यवाद! मैं व्यापारी दोस्त से सवाल पूछना चाहता हूँ।" सीरियाई ने कहा।

"आप अच्छे कपड़े पहनते हो, आप गरीब आदमी की तरह नहीं लगते। आप सफल आदमी की तरह बोलते हो। हमें बताओ, जब आपके कान में आलस कुछ फुसफुसाता है तो क्या आप अब भी उसकी बात सुनते हो?"

व्यापारी ने जवाब दिया, "हमारे दोस्त खरीदार की तरह, मुझे भी आलस को पहचानना और जीतना पड़ा। यह मेरे लिए एक दुश्मन साबित हुआ, जो हमेशा मेरी उपलब्धियों में विघ्न डालने के लिए तैयार रहता था।मैंने जो कहानी सुनाई, वह ऐसे ही कई उदाहरणों में से एक है जिससे मैं बता सकता हूँ कि किस तरह इसने मुझे सफलता दिलाने वाले कितने अवसरों को मुझसे दूर किया। अगर एक बार आप इसको जान लोगे तो इससे पीछा छुड़ाना इतना मुश्किल नहीं होगा।कोई भी व्यक्ति स्वेच्छा से चोर को उसके अनाज के डिब्बे लूटने की अनुमति नहीं देता है।न ही कोई व्यक्ति स्वेच्छा से किसी शत्रु को अपने ग्राहकों को भगा ले जाने और उसका लाभ लूटने की अनुमति देता है।जब मैंने एक बार यह जान लिया कि यह मेरे विरुद्ध शत्रु जैसे कार्य कर रहा हैं, तो दृढ़ निश्चय के साथ मैंने उसे जीत लिया।इसलिए प्रत्येक व्यक्ति को बैबिलोन के समृद्ध खजाने में हिस्सा लेने की उम्मीद करने से पहले, आलस्य की अपनी आदत पर विजय हासिल करनी चाहिए।"

"अरकद, आपकी क्या राय है? क्योंकि आप बैबिलोन के सबसे अमीर आदमी हैं, कई लोग आपको सबसे भाग्यशाली भी मानते हैं।क्या आप मेरी इस बात से सहमत हैं कि कोई भी व्यक्ति तब तक पूर्ण सफलता प्राप्त नहीं कर सकता जब तक कि वह अपने भीतर की शिथिलता की भावना को पूरी तरह से कुचल नहीं देता?"

अरकद ने सहमति जताते हुए कहा, "आपने बिल्कुल सही कहा।मेरे लंबे जीवन के दौरान मैंने पीढ़ी दर पीढ़ी को व्यापार, विज्ञान और शिक्षा के उन रास्तों पर आगे बढ़ते हुए देखा है, जो जीवन में सफलता की ओर ले जाते हैं।इन सभी पुरुषों के लिए अवसर आए। कुछ ने उनकी बातों को पकड़ लिया और अपनी गहरी इच्छाओं की पूर्ति के लिए तेजी से आगे बढ़े, लेकिन बहुत सारे लोग हिचकिचाए, लड़खड़ा गए और पिछड़ गए।"

अरकद ने कपड़ा बुनकर की ओर रुख किया। आपने सुझाव दिया कि हम सौभाग्य पर बहस करें।आइए सुनें कि अब आप इस विषय पर क्या सोचते हैं।

“मैं अब सौभाग्य को एक अलग रोशनी में देख रहा हूँ। मैंने इसे सबसे वांछनीय चीज़ के रूप में सोचा था जो किसी व्यक्ति के प्रयास के बिना उसके साथ हो सकता है। अब, मुझे एहसास है कि सौभाग्य बिना कुछ किए, किसी की ओर खुद आकर्षित नहीं होता। हमारी चर्चा से मैंने जाना है कि सौभाग्य को अपनी ओर आकर्षित करने के लिए अवसरों का लाभ उठाना आवश्यक है। इसलिए, भविष्य में, मैं ऐसे अवसरों का सर्वोत्तम उपयोग करने का प्रयास करूंगा जो मेरे पास आते हैं।”

अरकद ने उत्तर दिया, “आपने हमारी चर्चा में सामने आए सत्य को अच्छी तरह से समझ लिया है। सौभाग्यहम तभी पाते हैं, जब हम अपने पास आए अवसरों का लाभ उठाते हैं, लेकिन ऐसे अवसर हमें कभी-कभी ही मिल पाते हैं। हमारे व्यापारी दोस्त का आज बहुत अच्छा भाग्य होता अगर वह उस अवसर को सही समय पर स्वीकार कर लेते जो अच्छी देवी ने उन्हें दिया था। हमारे दोस्त खरीदार भी, वैसे ही, सौभाग्य का आनंद ले सकते थे, अगर उन्होंने भेड़-बकरियों की खरीद पूरी कर ली होती और उन्हें अच्छे लाभ पर बेच दिया होता।”

हमने इस चर्चा की शुरुआत एक ऐसा साधन खोजने के लिए की जिससे हम सौभाग्य को लुभा सके। मुझे लगता है कि हमें रास्ता मिल गया है। दोनों कहानियों ने यह स्पष्ट किया कि सौभाग्य कैसे अवसर का अनुसरण करता है। यहाँ एक सच्चाई है कि ऐसी कई समान कहानियां हैं, जहां हार और जीत, बदल नहीं सकती सच तो यह है: अवसर को स्वीकार करके सौभाग्य को मोहित किया जा सकता है।

जो लोग अपनी बेहतरी के लिए अवसरों का लाभ उठाने के लिए उत्सुक होते हैं, वे सौभाग्य देवी को आकर्षित करते हैं। वह उसे प्रसन्न करने वालों की सहायता करने के लिए हमेशा उत्सुक रहती हैं। कर्मठ पुरुष सौभाग्य की देवी को प्रिय होते हैं।

सौभाग्य की देवी, कर्म करने वाले पुरुष की पक्षधर हैं।

सोने के पांच नियम

"अगर आपके सामने सोने से भरा थैला और ज्ञान की बातों से गढ़ी हुई मिट्टी की पट्टी रख दी जाए; और आपको दोनों में से किसी एक चुनने को कहा जाए, तो आप किसको चुनोगे?"

रेगिस्तानी झाड़ियों की आग से टिमटिमाती रोशनी से, श्रोताओं के धूप से झुलसे चेहरे उत्तेजना से चमक उठे।

"सोना, सोना," सत्ताईस लोगों ने एक साथ कहा।

बूढ़ा कलाबाब जान-बूझकर मुस्कुराया।

"सुनो," उसने अपना हाथ ऊपर उठाते हुए फिर से कहा, "रात में वहाँ जंगली कुत्तों की आवाज़ को सुनो। वे भौंक रहें हैं और विलाप कर रहें हैं, क्योंकि वे भूख से विचलित हैं। अगर उन्हें खाना देते हैं, तो वे क्या करेंगे? लड़ेंगे और अकड़ेंगे। फिर और ज़्यादा लड़ेंगे और अकड़ेंगे, कल के बारे में बिना कोई विचार करते हुए जो कि निश्चित रूप से आएगा ही।"

"आदमियों के साथ भी ऐसा ही है। उन्हें सोने और ज्ञान में से एक विकल्प दो - वे क्या करेंगे?"

वे ज्ञान की उपेक्षा करेंगे और सोना बर्बाद करेंगे। और आने वाले में वे विलाप करेंगे, क्योंकि तब उनके पास सोना नहीं बचेगा।

"सोना उनके पास सुरक्षित है जो इसे सभालने के नियमों को जानते हैं और उनका पालन करते हैं।"

कलाबाब ने अपने सफेद वस्त्र को अपने दुबले पैरों के पास खींचा, क्योंकि रात में ठंडी हवा चल रही थी।

“क्योंकि तुम लोगों ने हमारी लंबी यात्रा में ईमानदारी से मेरी सेवा की है, मेरे ऊंटों की अच्छी देखभाल की है, रेगिस्तान की गर्म रेत में बिना किसी शिकायत के परिश्रम किया है, बहादुरी से लुटेरों से लड़ाई लड़ी है जो मेरे व्यापार को लूटने की कोशिश कर रहे थे, इसलिए मैं तुम्हें आज रात सोने के पांच नियमों की कहानी सुनाऊंगा, ऐसी कहानी जो तुम लोगों ने पहले कभी नहीं सुनी होगी।”

“जो बातें मैं बताने जा रहा हूँ उनको बहुत ध्यान से सुनना, क्योंकि यदि तुम उनका अर्थ समझ कर उन पर अमल करोगे, तो आने वाले दिनों में तुम्हारे पास बहुत सोना होगा।”

वह प्रभावशाली ढंग से रुका। ऊपर नीले रंग की छत्रछाया में, बेबीलोनिया के साफ आसमान में सितारे चमक रहे थे। समूह के पीछे संभावित रेगिस्तानी तूफानों से बचाव के लिए तंबू को कसकर बांधा हुआ था। तंबू के बगल में खाल से ढके माल की गांठें बड़े करीने से रखी हुई थीं। पास में रेत पर ऊंटों का झुंड बैठा हुआ था, कुछ ऊंट संतोष से जुगाली कर रहे थे, कुछ खर्राटे ले रहे थे।

सामान बांधने वाला मुखिया बोला, “कलाबाब, आपने हमें कई अच्छी कहानियां सुनाई हैं। हमने आपके ज्ञान के जरिए बहुत कुछ सीखा है, और जब आपके साथ हमारी सेवा समाप्त हो जाएगी, तो हम चाहते है कि आपका ज्ञान भविष्य में हमारा मार्गदर्शन करे।”

“मैंने अब तक तुम्हें अंजान और दूर देशों में किए हुए अपने कारनामों के विषय में बताया है, परंतु आज की रात मैं तुम्हें अरकद नाम के एक बुद्धिमान धनवान व्यक्ति के बारे में बताऊंगा।”

सामान बांधने वाले मुखिया ने स्वीकार करते हुए कहा, “हमने उसके बारे में बहुत कुछ सुना है, क्योंकि वह सबसे अमीर आदमी था जो कभी बैबिलोन में रहता था।”

वह सबसे धनी पुरूष इसलिए थे, क्योंकि वह सोने के नियमों के बारे में जानते थे। उनसे पहले किसी को भी इन नियमों के बारे इतनी अच्छी तरह नहीं पता था। मैं आज रात उनकी महानबुद्धिमत्ता के विषय में तुम्हें बताऊंगा। जैसा उनके पुत्र नोमासिरने मुझे बहुत साल पहले नीनवे में बताया था, जब मैं युवा था।

मैं और मेरे मालिक एक रात बहुत देर तक नोमासिरके महल में रुके थे। मैं अपने मालिक की बढ़िया कालीनों के बड़े बंडल लाने में मदद कर रहा था, हर एक को नोमासिरद्वारा तब तक आजमाया जा रहा था जब तक कि उसकी पसंद का रंग न मिल जाए। अंत में वह बहुत प्रसन्न हुआ और उसने हमें उसके साथ बैठने को कहा और नथुने से एक दुर्लभ विंटेज गंध वाली शराब पिलाई, जिसके बाद मेरे पेट में गर्मी हो

गई, क्योंकि मैं इस तरह के पेय के लिए अभ्यस्त नहीं था। फिर, उसने हमें अपने पिता अरकद के महान ज्ञान की यह कहानी सुनाई, जो मैं तुम्हें सुनाऊँगा।

जैसा कि तुम लोग जानते हो, बैबिलोन में यह प्रथा है, कि धनी पिता के पुत्र अपने माता-पिता की संपत्ति विरासत में पाने की उम्मीद में रहते हैं। अरकद ने इस प्रथा को स्वीकार नहीं किया। इसलिए, जब नोमासिर अपनी युवावस्था में पहुंचा, तो अरकद ने उससे कहा:

मेरे पुत्र, यह मेरी इच्छा है कि तुम मेरी सम्पत्ति को संभालो। हालाँकि, तुम्हें पहले यह साबित करना होगा कि तुम इसे समझदारी से संभालने में सक्षम हो। इसलिए, मैं चाहता हूँ कि तुम दुनिया में बाहर निकाल कर सोना कमाने की और लोगों के बीच अपने बूते पर सम्मान पाने की क़ाबिलियत साबित करो।

तुम्हें एक अच्छी शुरुआत करने के लिए, मैं तुम्हें दो चीज़ें दूंगा, जो मुझे नहीं मिली थी। मैंने एक गरीब युवा के रूप में अपना भाग्य बनाना शुरू किया था।

पहले, मैं तुम्हें सोने से भरा हुआ यह थैला दे रहा हूँ। यदि तुम इसका बुद्धिमानी से उपयोग करोगे, तो यह तुम्हारे भविष्य की सफलता का आधार होगा।

दूसरा, मैं तुम्हें यह मिट्टी की पट्टी दे रहा हूँ, जिस पर सोने के पांच नियम खुदे हुए हैं। यदि तुम इन पर लिखी हुई बातों का अनुसरण करोगे, तो वे तुम्हें संपन्नता और सुरक्षा प्रदान करेंगे।

आज के दिन से दस साल बाद तुम अपने पिता के घर लौटकर अपना हिसाब देना। यदि तुम योग्य सिद्ध हुए, तो मैं तुम्हें अपनी संपत्ति का वारिस बनाऊंगा। नहीं तो मैं उसे पुजारियों को दान में दूंगा, जिससे वे मेरी आत्मा की शांति के लिए भगवान के मंदिर के लिए भूमि का सौदा कर सके।

दस साल बीत गए, और जैसा कि तय हुआ था, नोमासिर अपने पिता के घर लौट आया, उसके पिता ने उसके सम्मान में एक महान दावत दी, जिसमें उसने कई दोस्तों और रिश्तेदारों को आमंत्रित किया। दावत खत्म होने के बाद, उसके माता-पिता एक सिंहासन पर बैठे थे और नोमासिर उनके सामने खड़ा हुआ, अपने पिता के वचन के अनुसार, उनको अपने अनुभवों के बारे में बता रहा था।

शाम का वक्त था। कमरा तेल के दीयों की बत्ती से निकलने वाले धुएँ से धुँधला था, लेकिन वहाँ मंद रोशनी थी। सफेद बुने हुए जैकेट और अंग रखे में नौकर लंबे तने वाले ताड़ के पत्तों के साथ तालबद्ध रूप से हवा कर रहे थे। एक आलीशान गरिमा ने दृश्य को रंग दिया। नोमासिर की पत्नी और उसके दो जवान बेटे, दोस्तों और परिवार के अन्य सदस्यों के साथ पीछे आसनों पर बैठे थे, और उत्सुकता से बातें सुन रहे थे।

नोमासिर ने आदरपूर्वक शुरू किया, "पिताजी, मैं आपकी बुद्धिमानी के समक्ष नमन करता हूँ। दस साल पहले जब मैं जवानी की दहेलीज़ पर खड़ा था, तब आपने मुझे अपने भाग्य के अधीन रहने के बजाय बाहर जाकर पुरुषों के बीच अपनी एक पहचान बनाने के लिए कहा।"

आपने मुझे अपना सोना उदारता से दिया, अपना बहुमूल्य ज्ञान दिया। सोने का मुझे अफसोस है! मुझे को स्वीकार करना चाहिए कि मैं सोना संभाल नहीं पाया। वह, वास्तव में, मेरे अनुभवहीन हाथों से फिसल गया, जैसे एक बच्चे के हाथों में से एक जंगली खरगोश पहला अवसर पाते ही निकल कर भाग जाता है।

अरकद सहज भाव से मुस्कुराए। "जारी रखो, मेरे बेटे, तुम्हारी कहानी के विवरण से मेरी रूचि बढ़ रही है।"

मैंने नीनवे जाने का फैसला किया, क्योंकि वह एक बढ़ता हुआ शहर था, मुझे विश्वास था कि वहाँ ज़्यादा अवसर मिल सकते हैं। मैं एक कारवां में शामिल हुआ और उसके सदस्यों में से कई मेरे दोस्त बन गए। इनमें से दो सुप्रसिद्ध व्यक्ति थे, जिनके पास हवा की गति से दौड़ने वाला सबसे सुंदर सफेद घोड़ा था।

जब हम यात्रा कर रहे थे, तो उन्होंने मुझे आत्मविश्वास के साथ बताया कि नीनवे में एक धनी व्यक्ति था जिसके पास इतना तेज़ घोड़ा था कि उसे कभी हराया नहीं गया था। उसके मालिक का मानना था कि कोई भी घोड़ा उसे तेज़ गति से नहीं दौड़ सकता। इसलिए, वह अपनी बड़ी राशि का दांव अपने घोड़े पर लगाने जा रहे हैं। मेरे दोस्तों ने कहा, उसके घोड़े की तुलना में, बाकी के घोड़े तो लकड़ी का गधे थे जिन्हें आसानी से हराया जा सकता था।

उन्होंने मुझे पर एक उपकार करते हुए, मुझे उनके साथ इस दांव में शामिल होने की अनुमति दी। मैं इस योजना से काफी ख़ुश था।

"हमारे घोड़े को बुरी तरह से हराया गया था और मैंने अपना बहुत सारा सोना खो दिया था।" पिताजी हंस पड़े। "बाद में, मुझे पता चला कि वह उन लोगों की एक कपटपूर्ण योजना थी और वे लगातार पीड़ितों की तलाश में कारवां के साथ यात्रा करते थे। आप देखिए, नीनवे का आदमी उनका साथी था और उसने उनके साथ जीते गए दांव को साझा किया। इस चतुर छल ने मुझे खुद की तलाश करने का पहला सबक सिखाया।"

उतना ही कड़वा, मैं जल्द ही एक और सबक सीखने वाला था। कारवां में एक और युवक था, जिसके साथ मैं काफी मिलनसार हो गया था। वह धनी माता-पिता का

पुत्र था और मेरी तरह, एक उपयुक्त स्थान खोजने के लिए नीनवे की यात्रा कर रहा था। हमारे पहुँचने के कुछ ही समय बाद, उन्होंने मुझे बताया कि एक व्यापारी की मृत्यु हो गई है और उसकी दुकान को उसके भरे हुए माल के साथ एक मामूली क़ीमत पर खरीदा जा सकता है। यह कहते हुए कि हम समान के भागीदार होंगे, लेकिन पहले उसे अपना सोना लाने के लिए बैबिलोन लौटना होगा, उसने मेरे सोने के साथ दुकान खरीदने के लिए मुझ पर दबाव डाला, और मैं तैयार हो गया, यह मानते हुए कि उसके हिस्से के सोने का उपयोग बाद में हमारे उद्यम को आगे बढ़ाने के लिए किया जाएगा।

उसने बैबिलोन जाने में बहुत देर कर दी, और इस बीच यह साबित कर दिया कि वह एक मूर्ख खरीदार था। मैंने अंत में उसे भागीदारी से बाहर कर दिया, लेकिन इससे पहले ही व्यापार बिगड़ गया था, जहां हमारे पास केवल ना बिकने वाला ही सामान बचा था और अन्य सामान खरीदने के लिए सोना भी नहीं था। मैंने एक इस्राएली को बहुत सस्ते दामों में बाकी का सामान बेच दिया।

पिताजी, उसके बाद जल्द ही मेरे बुरे दिन शुरू हो गए थे। मांगने पर भी मुझे रोजगार नहीं मिल पा रहा था, क्योंकि मेरे पास व्यापार या प्रशिक्षण नहीं था जो मुझे कमाने में सक्षम बनाता। मैंने अपने घोड़े बेच दिए। मैंने अपना गुलाम बेच दिया। मैंने अपने अतिरिक्त वस्त्र बेच दिए ताकि मेरे पास भोजन और सोने के लिए एक जगह हो, लेकिन हर दिन भयंकर बदनसीबी मेरे करीब आना चाहती थी।

लेकिन उन पीड़ादायक दिनों में, पिताजी, जो आपने मुझ पर अपना भरोसा दिखाया था वो हमेशा मुझे याद रहा।

आपने मुझे सफल आदमी बनने के लिए भेजा था, और इसी को पूरा करने का मैं संकल्प ले चुका था। नोमासिर की माँ अपना मुँह छुपा कर धीरे से रोने लगी।

इस समय, मुझे आपकी द्वारा दी गई मिट्टी की पट्टी की याद आई, जिस पर आपने सोने के पांच नियम गुदवाए थे। उसके बाद, मैंने आपके ज्ञान के शब्दों को बड़े ध्यान से पढ़ा, और महसूस किया कि अगर मैंने यह ज्ञान पहले तलाश लिया होता, तो मेरा सोना बर्बाद होने से बच जाता।

मैंने हर नियम को दिल से सीखा और तय किया कि, जब एक बार फिर सौभाग्य की देवी मुझ पर कृपा करेगी, तो मैं उम्र के ज्ञान से अपना रास्ता चुनूँगा, न कि युवावस्था की अनुभवहीनता से।

जो आज रात यहाँ बैठे हैं, उन सबकी भलाई के लिए, मैं अपने पिताजी के उन ज्ञानवर्द्क नियमों को पढ़ूंगा, जो उस मिट्टी की पट्टी पर लिखे हुए थे जिसे उन्होंने मुझे दस साल पहले दी थी :

सोने के पांच नियम

I. सोना उस आदमी के पास ख़ुशी से आता और अधिक मात्रा से बढ़ता रहता है, जो आदमी संपत्ति बनाने के लिए अपनी कमाई का कम से कम दसवां हिस्सा भविष्य और उसके परिवार के लिए बचाकर चलता है।

II. सोना अपने उस बुद्धिमान मालिक के लिए परिश्रमपूर्वक और संतोषपूर्वकरूप से मेहनत करता है जो इसके लिए लाभदायक निवेश को ढूंढ पाता है, उसके बाद सोना मवेशियों के झुंडके समान बढ़ता जाता है।

III. सोना अपने उस मालिक को हमेशा सुरक्षित रखता है, जो बुद्धिमान पुरुषों की सलाह के तहतउसका निवेश सही योजनाओं में करता है।

IV. ऐसे कारोबार या योजनाओं में निवेश करने वाले व्यक्ति से सोना फिसल जाता है, जिनके उद्देश्यों से वह परिचित नहीं होता या जिसकी रख-रखाव करने में वह कुशल नहीं होता।

V. सोना उस आदमी के पास नहीं रुकता जो इसे असंभव कमाई के लिए निवेश करता या जोचालबाजों और षडयंत्रकारियों की आकर्षक सलाह का पालन करता है या जो अपनी अनुभवहीनता और ख्याली इच्छाओं पर भरोसा करके निवेश करता है।

"ये सोने के पाँच नियम हैं, जो मेरे पिताजी ने लिखे थे। मेरे लिए ये सोने से कहीं अधिक मूल्यवान हैं, जिसे कि मैं अपनी कहानी की निरंतरता से बताऊँगा।"

वह फिर अपने पिता की ओर मुड़ा और बोला, "मैंने आपको अपनी गरीबी और निराशा के दिनों के बारे में बताया है, जिसमें मेरी अनुभवहीनता मुझे ले गई थी।"

"हालांकि आपदाओं की कोई श्रृंखला ऐसी नहीं है, जो कभी समाप्त नहीं होती। मेरे लिए यह तब समाप्त हुई जब मुझे शहर की नई बाहरी दीवार पर काम कर रहे गुलामों के एक दल के प्रबंधन के रूप में रोजगार मिला।"

सोने के पहले नियम के ज्ञान से लाभ उठाकर, मैंने अपनी पहली कमाई में से एक ताँबे को बचाया, और हर मौके पर इसे तब तक जोड़ा जब तक कि मैंने उससे एक चांदी का टुकड़ा नहीं लिया। यह एक धीमी प्रक्रिया थी।

मैं मानता हूँ, मैंने बहुत कंजूसी के साथ खर्च किया, क्योंकि, पिताजी दस साल पूरे होने से पहले मैंने यह ठान लिया था कि जितना सोना आपने मुझे दिया था उतना मुझे वापस कमाना है।

एक दिन गुलामों का मालिक, जिसके साथ मैं काफी मिलनसार हो गया था, उसने मुझसे कहा: "तुम एक मितव्ययी युवा हो जो अपनी कमाई को बेहूदगी से खर्च नहीं करता। क्या आपके द्वारा रखा गया सोना कमाई नहीं है?"

मैंने उत्तर देते हुए कहा, "हाँ, जो मेरे पिताजी ने मुझे सोना दिया था और जिसे मैंने अपनी लाहपरवाही से खो दिया है, उसके स्थान पर सोना जमा करना मेरी सबसे बड़ी इच्छा है।"

"यह एक योग्य महत्वाकांक्षा है, लेकिन क्या आप जानते हैं कि जो सोना आपने बचाया है वह आपके लिए काम कर सकता है और अधिक सोना कमा सकता है?"

"काश! लेकिन मेरा अनुभव कड़वा रहा है, क्योंकि मेरे पिताजी द्वारा दिया गया सोने को मैंने गवां दिया था, और मुझे बहुत भय है कि कहीं मैं अपने सोने को भी उसी तरह न गवां दूँ।"

उसने उत्तर दिया, "यदि तुम मुझ पर भरोसा करो, तो मैं तुम्हें सोने के लाभदायक व्यवहार की शिक्षा दूंगा। एक वर्ष के भीतर बाहरी दीवारें बनकर तैयार हो जाएगी, और राजा के शत्रुओं से नगर की रक्षा के लिए कांसे के उन बड़े फाटकों की ज़रूरत पड़ेगी जो हर एक प्रवेश द्वार पर बनाए जाएंगे। पूरे नीनवे में इन फाटकों को बनाने के लिए पर्याप्त धातु नहीं है और राजा ने इसे मुहैया कराने के बारे में नहीं सोचा है। मेरी योजना यह है: हम में से एक समूह अपना सोना जमा करके और ताँबे और टिन की खदानों में एक कारवां भेजें, जो दूर हैं, और वहाँ से नीनवे के फाटकों के लिए धातु लाएंगे। जब राजा कहेगा, 'महान फाटक बनाओ, ' तो हम ही धातु की आपूर्ति कर सकते हैं और वह हमें उसके बदले एक अच्छी क़ीमत चुकाएगा। यदि राजा हम से वो धातु न भी खरीदे, तब भी हमारे पास वह धातु रहेगी, जो उचित दाम पर बेची जा सकेगी।"

उनके प्रस्ताव में मैंने तीसरे कानून का पालन करने और बुद्धिमान पुरुषों के मार्गदर्शन में अपनी बचत का निवेश करने का अवसर पहचाना। जिसको मान कर मैं निराश भी नहीं था। हमारी योजना सफल रही, और इस सौदे से मेरे सोने के छोटे से भंडार में काफी वृद्धि हुई।

उचित समय में, इसी समूह ने अन्य उदयमों में भी मुझे सदस्य के रूप में स्वीकार किया गया था। वे सोने के लाभदायक संचालन में बुद्धिमान पुरुष थे। वे किसी भी निवेश में प्रवेश करने से पहले, बड़ी सावधानी से योजना पर विचार-परामर्श करते थे। वे ऐसे किसी भी निवेश में नहीं बंधते थे जिसमें उनके मूलधन फसने की ज़रा सी भी संभावना हो। घुड़दौड़ जैसी मूर्खतापूर्ण बातें और जिस तरह की साझेदारी में मैंने अपनी अनुभवहीनता के साथ प्रवेश किया था, उस तरह के निवेशों के बारे में वे सोचते तक नहीं थे।

इन लोगों के साथ अपने संपर्क के माध्यम से, मैंने लाभदायक रिटर्न लाने के लिए सुरक्षित रूप से सोने का निवेश करना सीख लिया था। जैसे-जैसे साल बीतते गए, मेरा खजाना और तेजी से बढ़ता गया। मैंने जितना सोना पहले खोया था, अब उससे कहीं ज़्यादा कमा लिया था।

पिताजी, मेरे दुर्भाग्य, मेरी परीक्षाओं और मेरी सफलता के माध्यम से, मैंने सोने के पांच नियमों के ज्ञान को बार-बार परखा है, और उन्हें हर परीक्षा में सच साबित किया है। जिसे पांच नियमों का ज्ञान नहीं है, उसके लिए सोना बार-बार नहीं आता, बल्कि जो सोना उनके पास होता है वे भी जल्दी से चला जाता है। परन्तु जो पांचों नियमों का पालन करता है, उसके पास सोना आता है और उसके कर्तव्यपरायण गुलाम के रूप में काम करता है।

नोमासिर ने बोलना बंद कर दिया और कमरे में पीछे खड़े एक गुलाम को इशारा किया। गुलाम एक बार में तीन भारी चमड़े के बैग लेकर आया। इनमें से एक बैग को नोमासिर ने अपने पिता के सामने फर्श पर रखा, और फिर से अपने पिता को संबोधित करते हुए कहा:

आपने मुझे सोने का एक थैला दिया था, जो कि बैबिलोन का सोना था। देखो, मैं आपको उसके स्थान पर नीनवे के सोने का एक थैला लौटा रहा हूँ जो वज़न में उसी के बराबर है, इस बात पर यहाँ सभी उपस्थित लोग सहमत होंगे।

आपने मुझे एक मिट्टी की पट्टी दी थी, जिस पर ज्ञान की बातें अंकित है। देखो, मैं उसके बदले सोने के दो बैग लौटा रहा हूँ। यह कहकर उस ने गुलाम के पास से दो और बैग लेकर उसी रीति से अपने पिता के सामने फर्श पर रख दिए।

पिताजी, मैंने ऐसा इसलिए किया, क्योंकि मैं आपकी बुद्धि को आपके सोने से भी अधिक मूल्यवान समझता हूँ। मगर, सोने की थैलियों से बुद्धिमत्ता को कौन नाप सकता है? बिना ज्ञान के, जिनके पास सोना होता है, वे भी जल्दी से उसको खो देते हैं, लेकिन ज्ञान के साथ, जिनके पास सोना नहीं भी होता, वे लोग भी उसके द्वारा सोना कमा सकते हैं, जैसा कि सोने के ये तीन बैग साबित करते हैं।

"पिताजी, इस बात से मुझे बहुत ही संतुष्टि मिल रही है, कि मैं आपके सामने खड़ा होकर यह बोल पा रहा हूँ कि आपके ज्ञान के वजह से ही मैं आज लोगों के बीच धनी और एक प्रतिष्ठित व्यक्ति बन पाया हूँ।"

पिता ने प्यार से नोमासिर के सिर पर अपना हाथ रखते हुए कहा, "तुमने अपनी शिक्षा अच्छी तरह से सीखी है, और मैं वास्तव में भाग्यशाली हूँ कि मेरे पास तुम्हारे जैसा बेटा है जिसे मैं अपना धन सौंप सकता हूँ।"

कलाबाब ने अपनी कहानी समाप्त की और अपने श्रोताओं की ओर गंभीर रूप से देखा।

उसके बाद उसने पूछा, "नोमासिर की इस कहानी, तुम्हें क्या शिक्षा मिलती है?"

तुम में से कौन है जो अपने पिता या अपने ससुर के पास जाकर अपनी कमाई के बुद्धिमत्तापूर्ण संचालन का हिसाब दे सकता है?

ये आदरणीय पुरुष क्या सोचेंगे, अगर तुम लोग यह बोलोगे तो: 'मैंने बहुत यात्रा की है, बहुत कुछ सीखा है, बहुत मेहनत की है और बहुत कुछ कमाया है, फिर भी, मेरे पास सोना बहुत कम है। कुछ मैंने बुद्धिमानी से खर्च किया, कुछ मैंने मूर्खता से खर्च किया और ज़्यादातर मैंने अपनी नासमझी से खो दिया।'

क्या तुम अभी भी इसे भाग्य की असंगति के रूप में देखते हो कि कुछ पुरुषों के पास बहुत सोना है और दूसरों के पास कुछ भी नहीं है? तो तुम सरासर ग़लत हो।

"जब व्यक्ति सोने के इन पांच नियमों को जान जाता है और उनका पालन करता है। उसके बाद वे बहुत अधिक मात्रा में सोना कमा सकता है।"

क्योंकि मैंने अपनी युवावस्था में इन पांच नियमों को सीखा और उनका पालन किया, इसलिए मैं एक धनी व्यापारी बन गया। मैंने अपना धन किसी जादू से जमा नहीं किया।

जो धन जल्दी आता है वह उसी तरह जल्दी से खत्म भी हो जाता है।

धन जो अपने मालिक को भोग और संतुष्टि देने के लिए रहता है वह धीरे-धीरे आता है, क्योंकि यह ज्ञान और निरंतर प्रयोजन से पैदा हुई संतान है।

धन अर्जित करना विचारशील व्यक्ति पर एक छोटा-सा बोझ है। साल-दर-साल लगातार इस छोटे बोझ को उठाकर, वह अंतिम उद्देश्य को पूरा कर लेता है।

"सोने के पांच नियमों का पालन करके तुम एक बहुमूल्य पुरस्कार हासिल कर सकते हो।"

"इन पांच नियमों में से प्रत्येक नियम का अर्थ क़ीमती है, और ऐसा हो सकता कि मेरी कहानी की संक्षिप्तता में तुमने इनके अर्थों को नज़रअंदाज कर दिया हो , अब मैं उन्हें दोहराऊंगा। वह एक-एक नियम मुझे याद है क्योंकि मेरी युवावस्था में, मैं उनके मूल्य को पहचान चुका था और मैं तब तक संतुष्ट नहीं हुआ जब तक मैंने उनके एक-एक शब्द को जान नहीं लिया।

सोने का पहला नियम

सोना उस आदमी के पास ख़ुशी से आता और अधिक मात्रा से बढ़ता रहता है, जो आदमी संपत्ति बनाने के लिए अपनी कमाई का कम से कम दसवां हिस्सा भविष्य और उसके परिवार के लिए बचाकर चलता है।

कोई भी व्यक्ति जो अपनी कमाई का दसवां हिस्सा लगातार अपने लिए बचाकर और उसका बुद्धिमानी से निवेश करता है, तो निश्चित रूप से ऐसा करके वह एक मूल्यवान संपत्ति का निर्माण करेगा, जो भविष्य में उसके लिए एक आय प्रदान करेगी और यदि भगवान उसे दुनिया से अपने पास बुला भी लेते हैं, तब उस स्थिति में उसके परिवार की सुरक्षा की गारंटी देगी।

इस नियम के अनुसार, सोना हमेशा ऐसे आदमी के पास ख़ुशी से आता है। मैंने अपने खुद के जीवन में कई बार ऐसा होता देखा है। मैं जितना ज़्यादा सोना जमा करता हूँ, उतना ही आसानी से और ज़्यादा मात्रा में आता है। जो सोना मैं बचाता हूँ, वह और ज़्यादा कमाता है, वैसे ही तुम्हारा भी कमाएगा और इसकी कमाई को निवेश करके तुम और अधिक कमाओगे। इसी तरह पहले सोने का नियम काम करता है।

सोने का दूसरा नियम

सोना अपने उस बुद्धिमान मालिक के लिए परिश्रमपूर्वक और संतोषपूर्वकरूप से मेहनत करता है जो इसके लिए लाभदायक निवेश को ढूंढ पाता है, उसके बाद सोना मवेशियों के झुंडके समान बढ़ता जाता है ।

"सोना, वास्तव में, एक इच्छुक कार्यकर्ता है। अवसर आने पर यह खुद को कई गुना बढ़ाने के लिए हमेशा उत्सुक रहता है। प्रत्येक व्यक्ति जिसके पास सोने का भंडार है, अवसर मिलते ही वह इसका उपयोग करके सबसे ज़्यादा लाभ उठा सकते हैं। जैसे-जैसे वर्ष बीतते हैं, आश्चर्यजनक ढंग से, यह अपने आप में कई गुना बढ़ जाता है।"

सोने का तीसरा नियम

सोना अपने उस मालिक को हमेशा सुरक्षित रखता है, जो बुद्धिमान पुरुषों की सलाह के तहत उसका निवेश सही योजनाओं में करता है ।

"सोना, वास्तव में, सतर्क मालिक के साथ वफादार होता है, इसके विपरीत वह लापरवाह मालिक से दूर चला जाता है। जो व्यक्ति सोने को संभालने में बुद्धिमान पुरुषों की सलाह लेता है, वह जल्द ही सीख जाता है कि उसे अपने खजाने को खतरे में न डालकर, उसे संरक्षित करना चाहिए और लगातार उसमें हो रही वृद्धि को देखकर संतुष्टि का आनंद लेना चाहिए।"

सोने का चौथा नियम

ऐसे कारोबार या योजनाओं में निवेश करने वाले व्यक्ति से सोना फिसल जाता है, जिनके उद्देश्यों से वह परिचित नहीं होता या जिसकी रख-रखाव करने में वह कुशल नहीं होता ।

जिस व्यक्ति के पास सोना है, परंतु वह उसे संभालने में कुशल नहीं है, उसके सामने कई बार ऐसे अवसर आते हैं, जो उसे लाभदायक प्रतीत होते हैं। बहुत बार ये नुकसान के खतरे से भरे होते हैं, और अगर बुद्धिमान लोगों द्वारा ठीक से विश्लेषण किया जाए, तो उनमें लाभ की बहुत कम संभावना दिखाई देती है। इसलिए, सोने का अनुभवहीन मालिक, जो अपने निर्णय पर भरोसा करता है और इसे ऐसे व्यवसाय या उद्देश्यों में निवेश करता है जिससे वह परिचित नहीं है, अक्सर अपने निर्णय को अपूर्ण पाता है, और अपनी अनुभवहीनता का अपने खजाने के साथ भुगतान करता

है। बुद्धिमान वह है, जो अपने धन को सोने के मार्ग में कुशल लोगों की सलाह से निवेश करता है।

सोने का पाँचवाँ नियम

सोना उस आदमी के पास नहीं रुकता जो इसे असंभव कमाई के लिए निवेश करता या जोचालबाजों और षडयंत्रकारियों की आकर्षक सलाह का पालन करता है या जो अपनी अनुभवहीनता और ख्याली इच्छाओं पर भरोसा करके निवेश करता है।

"साहसिक कहानियों की तरह रोमांचित करने वाले काल्पनिक प्रस्ताव हमेशा सोने के नए मालिक के पास आते हैं। ऐसा दिखाई देता है कि किसी जादुई शक्तियों के साथ उसका खज़ाना बढ़ जाएगा और वह असंभव कमाई करने में सक्षम हो जाएगा। यहाँ, बुद्धिमान पुरुषों की बातों पर ध्यान दें क्योंकि वे वास्तव में अचानक संपत्ति को बढ़ाने वाली हर योजना के पीछे छिपे जोखिमों को जानते हैं।"

"नीनवे के धनी लोगों को मत भूलना, जो अपने मूलधन को खोने या इसे लाभहीन निवेश में बांधने का कोई जोखिम नहीं लेते थे।"

"यहाँ सोने के पांच नियमों की मेरी कहानी को समाप्त होती है। इन सब नियमों को बताते हुए, मैंने तुम्हें अपनी सफलता के रहस्य भी बता दिए हैं।"

"मगर, वे रहस्य नहीं हैं, बल्किसच्चाई है जिसे उस हर आदमी को पहले सीखना चाहिए और फिर उसका पालन करना चाहिए जो लोगों की भीड़ से बाहर निकलना चाहता है, जो जंगली कुत्तों के जैसे हर दिन अपने खाने के लिए चिंता करते हैं।"

"कल, हम बैबिलोन में प्रवेश करेंगे। देखो! बेल के मंदिर के ऊपर अनन्त जलती हुई आग को देखो! हम पहले से ही सोने की नगरी को देख रहे हैं। कल, तुम में से प्रत्येक के पास सोना होगा, वह सोना जो तुमने वफादारी से की गई सेवाओं द्वारा कमाया है।"

"आज से दस साल बाद, तुम इस सोने के बारे में क्या बता सकते हो?"

"यदि तुम में से ऐसे पुरुष हैं, जो नोमासिर की तरह, अपने सोने के एक हिस्से का उपयोग अपने लिए संपत्ति बनाने के लिए करोगे और भविष्य में अरकद के ज्ञान से

निर्देशित होगे, तो यह एक सुरक्षित दांव साबित होगा। अब से दस साल बाद तुम लोग भी, अरकद के पुत्र की तरह धनी और लोगों के बीच प्रतिष्ठित हो जाओगे।"

"हमारे द्वारा बुद्धिमानी से किए गए कार्य हमें जीवन भर ख़ुशी देते हैं और हमारी मदद करते हैं। निश्चित रूप से, हमारी नासमझी से किए गए कार्य हमें पीड़ा ही देते हैं। अफसोस, हम अवसरों को भुला नहीं पाते। उन अवसरों की यादें हमें सबसे ज़्यादा सताती है और हमारा पीछा करती हैं, जिनका हमें समय रहते लाभ उठा लेना चाहिए, लेकिन हम नहीं उठा पाए।"

बैबिलोन के ख़ज़ाने इतने सम्पन्न हैं, कि कोई भी मनुष्य उनके मूल्य को सोने के सिक्कों में नहीं गिन सकता। हर साल, वे अधिक भरते और अधिक मूल्यवान होते जाते हैं। हर देश के खजाने की तरह, वे एक इनाम हैं, एक समृद्ध इनाम जो उन संकल्पवान लोगों की प्रतीक्षा कर रहा, जो अपने उचित हिस्से को सुरक्षित करने का निर्णय लेते हैं।

"आपकी अभिलाषाओं के बल में एक जादुई शक्ति है। सोने के पांच नियमों के ज्ञान के साथ इस शक्ति का मार्गदर्शन करें और आप भी बैबिलोन के खजाने को साझा करेंगे।"

बैबिलोन का स्वर्ण ऋणदाता

सोने के पचास सिक्के! पुराने बैबिलोन के भाला बनाने वाले रॉडन ने पहले कभी अपने चमड़े के पर्स में इतना सोना नहीं रखा था। अपने सबसे उदार राजा के महल से वह ख़ुशी-ख़ुशी राजमार्ग से नीचे उतरा। प्रत्येक कदम के साथ, उसकी बेल्ट पर बंधे पर्स में रखे सिक्के खनक रहें थे – वह सबसे मधुर संगीत जो उसने कभी सुना था।

पचास सोने के सिक्के! और वे सब उसके! वह शायद ही अपने सौभाग्य पर यकीन कर पा रहा था। उन खनकते हुए सिक्कों में क्या शक्ति है! वे अपनी इच्छानुसार कुछ भी खरीद सकताथा, एक भव्य घर, भूमि, मवेशी, ऊंट, घोड़े, रथ, जो कुछ भी वह चाहता था।

उसे इनका किस तरह से उपयोग करना चाहिए? शाम को जब वह अपनी बहन के घर की ओर जाने वाली एक किनारे की गली में मुड़ा, तो वह कुछ भी नहीं सोच पा रहा था सिवाय इसके कि वह सोने के भारी चमकदार सिक्के किसी भी तरह हमेशा उसके पास ही रहें। कुछ दिनों बाद एक शाम को हैरान रॉडन, सोने के ऋणदाता, और गहनों और दुर्लभ कपड़ों के डीलर मैथन की दुकान में गया। रॉडन, दुकान में चारों ओर कलात्मक ढंग से सजी हुई रंगीन वस्तुओं को न देखते हुए, सीधा पीछे की ओर रहने वाले क्वार्टर में चला गया। वहाँ उसे सभ्य मैथन कालीन पर आराम करता हुआ दिखाई दिया, जहां उसका एक अश्वेत गुलाम उसके लिए खाना परोस रहा था।

रॉडन भोंदूपन से उसके सामने खड़ा हुआ था, उसकी सामने से खुली चमड़े की जैकेट में उसकी बालों से भरी छाती दिखाई दे रही थी। रॉडन उसको देखते हुए बोला, "मुझे आपसे सलाह लेनी है, क्योंकि मुझे कुछ समझ नहीं आ रहा कि क्या करना चाहिए।"

मैथन एक दोस्ताना अभिवादन के साथ मुस्कुराया। "तुमने ऐसा कौन-सा मूर्खता भरा काम कर दिया, जिसे कि तुम्हें सोने के ऋणदाता के पास आना पड़ा? क्या तुम जुए खेलने की टेबल पर बदक़िस्मत रहे? या तुम्हें किसी सुंदर औरत ने फंसा दिया? मैं तुम्हें कई सालों से जानता हूँ, लेकिन इससे पहले तुम कभी अपनी मुसीबतों के लिए मुझसे सहायता मांगने नहीं आए।"

"नहीं, नहीं। ऐसा नहीं है। मुझे सोना नहीं चाहिए। इसके बजाय मैं आपसे समझदारी भरी सलाह लेना चाहता हूँ।"

"सुनो! सुनो! यह आदमी क्या कह रहा है। सोने के ऋणदाता के पास कोई भी सलाह लेने नहीं आता है। मेरे कानों ने कुछ ग़लत तो नहीं सुन लिया।"

"वे सही सुन रहे हैं।"

क्या ऐसा हो सकता है? भाला बनाने वाला रॉडन, बाकी सभी की तुलना में अधिक चतुर निकला, क्योंकि वह सोने के लिए नहीं, बल्कि सलाह के लिए मैथन के पास आया है। कई लोग मेरे पास अपने मूर्खता भरे खर्चों को पूरा करने के लिए मेरे पास सोना लेने के लिए आते हैं, लेकिन वे सलाह लेना नहीं चाहते। वैसे भी सोने के ऋणदाता से ज्यादा अच्छी सलाह कौन दे सकता है, जिसके पास बहुत से लोग मुसीबत के समय में आते हैं?

मैथन ने कहा, "रॉडन, तुम मेरे साथ खाना खाओगे, आज शाम तुम मेरे अतिथि हो।" उसने अपने अश्वेत गुलाम को आज्ञा देते हुए कहा, "एंडोल, मेरे दोस्त, भाला बनाने वाले रॉडन, के लिए एक कालीन बिछाओ, जो मुझसे सलाह लेने आया है। यह मेरे सम्मानित अतिथि हैं। इनके लिए बहुत सारा खाना लाओ और मेरा सबसे बड़ा प्याला लाओ और सबसे बढ़िया शराब चुन कर लाओ जिसको पीकर ये ख़ुश हो जाए।"

"अब, मुझे बताओ कि तुम्हें क्या परेशानी है।"

रॉडन ने बताया, "यह राजा का उपहार है।"

"राजा का उपहार? राजा ने तुम्हें एक उपहार दिया और वह तुम्हें परेशानी दे रहा है? किस तरह का उपहार है यह?"

"मैंने शाही पहरेदारों के भालों की नोक के लिए कुछ नए डिजाइन पेश किए थे, जिससे राजा ने प्रसन्न होकर, मुझे सोने के पचास सिक्के भेंट किए, और अब मैं बहुत परेशान हूँ।"

"मैं हर घंटे प्रार्थना करता हूँ, उन लोगों से बचे रहने की जो इन सिक्कों को धोखे से मुझसे बांटना चाहते हैं।"

"यह स्वाभाविक है। अधिकतर लोग सोना पाना चाहते हैं, और चाहते हैं कि उनके पास वो आसानी से आ जाए। लेकिन क्या तुम उन्हें 'ना' नहीं कह सकते? क्या तुम्हारी इच्छाशक्ति, तुम्हारी मुट्ठी जितनी प्रबल नहीं हैं?"

"कई लोगों को मैं ना कह सकता हूँ, मगर कभी-कभी हां कहना आसान होता है। क्या कोई अपनी बहन के साथ बांटने से से इनकार कर सकता है, जिसके लिए वह गहराई से समर्पित है?"

"निश्चय ही, तुम्हारी अपनी बहन तुम्हें तुम्हारे पुरस्कार का आनंद लेने से वंचित नहीं करना चाहेगी।"

"परंतु वह यह सोना अपने पति अरामन के लिए चाहती है, जिसे वह एक अमीर व्यापारी बनता देखना चाहती है। उसे लगता है कि उसे कभी मौका नहीं मिला और वह मुझसे यह सोना उसको उधार देने के लिए कहती है, जिसको पा कर वह एक समृद्ध व्यापारी बन जाए और बाद में व्यापार में होने वाले लाभ से वह मेरा सारा कर्ज़ लौटा देगा।"

मैथन ने कहा, "मेरे दोस्त, यह एक योग्य विषय है जिस पर तुम चर्चा करने के लिए आए हो। सोना अपने मालिक के लिए बढ़ी हुई जिम्मेदारी भी अपने साथ लाता है और सोना पाने वाले की हैसियत भी उसके साथी पुरुषों के बीच बदल जाती है। अपने मालिक के लिए यह भय भी लाता है कि कहीं वह उसे खो न दे या कोई उसे उससे छल-कपट से छीन न ले। यह अच्छा काम करने की शक्ति और क्षमता लाता है। इसी तरह, यह बहुत से ऐसे अवसर लाता है, जिससे उसके अच्छे इरादे उसे मुश्किलों में डाल सकते हैं।"

"क्या कभी तुमने नीनवे के उस किसान के बारे में सुना है जो जानवरों की भाषा समझ सकता था? मेरे ख्याल से नहीं सुनी होगी, क्योंकि 'इस तरह की कहानी लोग कांस्य ढलाईकार की दुकान में सुनाना पसंद नहीं करते। मैं तुम्हें बताऊंगा, क्योंकि तुम्हें पता होना चाहिए कि उधार लेना और उधार देना एक के हाथ से दूसरे के हाथ में सोना जाने से कहीं अधिक है।"

वह किसान, जो समझ सकता था कि जानवर एक-दूसरे से क्या बात करते हैं, वह हर शाम खेत के प्रांगण में सिर्फ उनकी बातें सुनने के लिए रुकता था। एक शाम उसने बैल को गधे से शिकायत करते हुए सुना कि उसकी ज़िंदगी बहुत कठोर है: मैं सुबह से रात तक हल खींचते हुए मेहनत करता हूँ। दिन में चाहे कितनी भी गर्मी क्यों न हो,

या मेरे पैर कितने भी थके हुए हों, या मेरी गर्दन को चाप से कितनी भी जकड़ी हुई हो, फिर भी मुझे काम करना पड़ता है। लेकिन तुम्हारी ज़िन्दगी बड़ी आराम की है। तुम्हें रंग-बिरंगे कंबल से सजाया जाता है, और हमारे मालिक को उनकी मनचाही जगह पर ले जाने के अलावा, तुम कुछ भी काम नहीं करते है। जब वह कहीं नहीं जाते, तब तुम पूरा दिन आराम करते हो और दिनभर हरी घास खाते रहते हो।'

गधा एक अच्छा साथी था और बैल के साथ सहानुभूति रखता था।

गधे ने जवाब देते हुए कहा, ''मेरे प्यारे दोस्त, तुम बहुत मेहनत करते हो और मैं तुम्हारा दुख दूर करने में तुम्हारी मदद करूंगा। मैं तुम्हें बताऊंगा कि तुम कैसे एक दिन के लिए आराम कर सकते हो। सुबह गुलाम जब तुम्हें हल पर ले जाने आए, तो तुम भूमि पर लेट जाना और इतना ज़ोर से करहना कि उसे लगे, तुम बीमार हो और काम नहीं कर सकते।

बैल ने गधे की सलाह मान ली और अगली सुबह गुलाम किसान के पास लौटकर आया और उसने किसान को बताया कि बैल बीमार है और हल नहीं खींच सकता।

किसान ने गुलाम से कहा, "फिर, गधे को लेकर आओ, आज वह हल जोतेगा।"

पूरे दिन गधा, जो केवल अपने दोस्त की मदद करना चाहता था, उसने खुद को बैल का काम करने के लिए मजबूर पाया। जब रात आई और उसे हल से छोड़ा गया तो उसका दिल कड़वा था और उसके पैर थके हुए थे और उसकी गर्दन में दर्द था।

किसान उनकी बातें सुनने के लिए बाड़े में खड़ा रहा।

बैल ने कहा, "तुम मेरे अच्छे दोस्त हो। तुम्हारी विवेकपूर्ण सलाह के कारण मैंने आज पूरा दिन आराम का आनंद लिया।"

''और मैं,'' गधे ने जवाब दिया, ''और मैं मूर्ख, मैं कई अन्य साफ दिल के लोगों की तरह हूँ, जिसने अपने दोस्त की मदद करनी चाही, लेकिन बदले में मुझे ही उसके हिस्से का काम करना पड़ा। आज के बाद तुम अपना हल स्वयं चलाना, क्योंकि मैं ने मालिक के गुलाम को यह कहते सुना था कि यदि तुम फिर से बीमार हुए तो कसाई को बुलावा भेज देंगे। और यह ही करना चाहिए, क्योंकि तुम आलसी हो।"

इसके बाद उन्होंने एक-दूसरे से कभी बात नहीं की - और उनकी दोस्ती खत्म हो गई। रॉडन, बताओ इस कहानी से क्या शिक्षा मिलती है?

''यह एक अच्छी कहानी है,'' रॉडन ने जवाब दिया, ''लेकिन मुझे इसमें कोई शिक्षा नहीं दिखी।''

“मैंने सोचा ही था कि तुम्हें कोई शिक्षा नज़र नहीं आएगी। लेकिन शिक्षा है और बहुत सरल है। बस यही: यदि तुम अपने दोस्त की मदद करना चाहते हो, तो इस तरह से करो कि तुम्हारे दोस्त का बोझ तुम पर न आए।”

“मैंने ऐसा नहीं सोचा था। यह एक बहुत अच्छी शिक्षा है। मैं अपनी बहन के पति का बोझ नहीं उठाना चाहता। लेकिन मुझे बताओ। आप बहुतों को उधार देते हैं। क्या कर्जदार चुकाते नहीं हैं?”

मैथन एक अनुभवी आदमी की तरह मुस्कुराया।

“यदि उधारकर्ता उधार नहीं चुका सकता है, तो क्या ऋण अच्छी तरह से किया जा सकता है? क्या ऋणदाता को बुद्धिमानी और सावधानी से निर्णय नहीं लेना चाहिए कि क्या उसको यह तय नहीं करना चाहिए कि उसका दिया गया उधार उधारकर्ता के उद्देश्य को पूरा कर सकता है और वह उधार वापस कर सकता हैया नहीं; अगर वह उसका धन मूर्खता वाले कामों में लगाएगा तो क्या उसका धन डूब नहीं जाएगा और फिर वह उसका उधार कैसे चुका पाएगा? मैं तुम्हें अपने संदूक में राकेन कुछ टोकन दिखाऊंगा और तुम्हें उनसे जुड़ी कुछ कहानियां भी सुनाऊंगा।”

वह तब तक कमरे में से एक बड़ा संदूक ले आया, संदूक लाल रंग की सूअर के खाल से ढकी हुई थी और कांस्य के डिजाइनों से अलंकृत थी। उसने उसे फर्श पर रख दिया और दोनों हाथ ढक्कन पर रखकर, उसके सामने बैठ गया।

“प्रत्येक व्यक्ति से जिसे मैं उधार देता हूँ, उससे अपनी इस संदूक में रखने के लिए एक टोकन ले लेता हूँ, जब तक कि ऋण चुकाया नहीं जाता है, वह मेरे पास ही रहता है। जब वे ऋण चुका देता है, तो मैं उन्हें यह वापस कर देता हूँ, लेकिन अगर वेनहीं चुका पाता, तो यह हमेशा मुझे उस आदमी की याद दिलाता है जो मेरे विश्वास के प्रति वफादार नहीं निकला।”

“मेरी टोकन की संदूक मुझे बताती है कि सबसे सुरक्षित ऋण, वे हैं जिनकी संपत्ति उनकी उधार ली हुई राशि से अधिक मूल्य की है। उनके पास जमीन, या गहने, या ऊंट, या अन्य चीज़ें हैं जिन्हें ऋण चुकाने के लिए बेचा जा सकता है। मुझे टोकन के रूप में दिए गए कुछ ऐसे गहने हैं, जिनका मूल्य मेरे दी गई ऋण राशि से अधिक है। अन्य वादे हैं कि यदि ऋण को सहमति के अनुसार चुकाया नहीं गया तो वे मुझे कुछ संपत्ति का कुछ हिस्सा भुगतान के रूप में देंगे। ऐसे ऋण देते समय मुझे विश्वास होता है कि मेरा सोना वापस कर दिया जाएगा उस पर लगे ब्याज के साथ, क्योंकि यह ऋण संपत्ति पर आधारित होते हैं।”

“एक अन्य वर्ग में वे लोग हैं जो कमाने की क्षमता रखते हैं। वे तुम्हारे जैसे हैं, जो श्रम करते हैं या सेवा करते हैं और वेतन या अपना मेहनताना पाते हैं। उनके पास आय के साधन है और यदि वे ईमानदार हैं और यदि उनके साथ कोई अनहोनी नहीं होती, तो मुझे पता है कि वे भी सोना चुका सकते हैं, उस ब्याज के साथ जिसका मैं हकदार हूँ। ऐसे ऋण मानव प्रयास पर आधारित होते हैं।”

“अन्य वे हैं जिनके पास न तो संपत्ति है और न ही कमाई की सुनिश्चित क्षमता। जीवन कठिन है और हमेशा कुछ लोग ऐसे होते हैं जो खुद को ज़िन्दगी के साथ समायोजित नहीं कर पाते। अफसोस है कि मैं उन्हें ऋण देता हूँ, भले ही वे एक रुपिया क्यों न हों, उसके लिए मेरी टोकन की संदूक आने वाले वर्षों में मेरी निंदा कर सकती है जब तक कि उधारकर्ता के अच्छे दोस्तों द्वारा गारंटी नहीं दी जाती है जो उसे सम्माननीय तौर से जानते हैं।”

मैथन ने संदूक के बकल को छोड़ते हुए ढक्कन खोला। रॉडन उत्सुकता से आगे झुक गया। संदूक में सबसे ऊपर एक लाल रंग के कपड़े में एक कांस्य का हार का रखा हुआ था। मैथन ने उस हार को उठाया और प्यार से सहलाया। “यह हमेशा मेरी संदूक में रहेगा क्योंकि इसका मालिक अब इस दुनिया में नहीं है। मैं इसे, उसके टोकन, और उसकी स्मृति के रूप में संभाल कर रखता हूँ; क्योंकि वह मेरा अच्छा दोस्त था। हमने तब तक बहुत सफलता के साथ व्यापार किया जब तक वह पूर्व के देश की एक महिला को ब्याह कर नहीं लाया था, जो सुन्दर थी, परंतु हमारी महिलाओं के समान नहीं थी। उसका सौंदर्य चकरा देने वाला था। उसने अपनी पत्नी की इच्छाओं को पूरा करने के लिए अपना सारा सोना खर्च कर दिया था।”

“वह संकट में मेरे पास आया जब उसका सोना ख़त्म हो चुका था। मैंने उसको सलाह दी। मैंने उससे कहा कि मैं एक बार फिर उसके व्यापार में महारत हासिल करने में उसकी मदद करूंगा। उसने ग्रेट बुल के चिन्ह की शपथ ली, और बोला कि वह शुरू से मेहनत करेगा। लेकिन ऐसा हो नहीं पाया। एक झगड़े में उसकी पत्नी ने उसके सीने में चाकू घोंप दिया, क्योंकि उसके पति ने ऐसा करने के लिए उसे उकसाया था।”

“और उसकी पत्नी?” रॉडन ने पूछा।

“हाँ, बिल्कुल, यह उसका है।” उसने लाल रंग का कपड़ा उठाया। “कड़वे पश्चाताप मैं वह यूफ्रेट्स नदी में कूद गई। इन दो ऋणों को कभी नहीं चुकाया जाएगा। रॉडन, यह संदूक तुम्हें बताती है कि जो आदमी भावनाओं के तूफ़ानों में उलझा रहता है, उसको ऋण देना स्वर्ण ऋणदाता के लिए सुरक्षित नहीं होता।”

“यहाँ! अब यह अलग है।” वह बैल की हड्डी से बनी हुई अंगूठी के पास पहुंचा। “यह एक किसान की है। मैं उसकी महिलाओं से क़ालीन खरीदता हूँ। उसके

खेत में एक बार टिड्डियां ने हमला कर दिया और उनके पास खाने के लिए भोजन भी नहीं बचा। मैंने उसकी मदद की और जब नई फसल आई तो उसने मुझे मेरा सारा ऋण चुका दिया। बाद में वह फिर आया और उसने मुझे दूर देश में अजीब बकरियों के बारे में बताया। जैसा कि एक यात्री ने वर्णन किया था। उनके लंबे बाल इतने महीन और मुलायम थे कि वह उनसे बैबिलोन में किसी भी समय की तुलना में अधिक सुंदर कालीनों को बना सकता था। वह उन बकरियों के झुंड को खरीदना चाहता था लेकिन उसके पास पैसे नहीं थे। इसलिए, मैंने उसे यात्रा करने और बकरियों को लाने के लिए सोना उधार दिया था। अब उसने झुंड खरीद लिया है और अगले साल मैं बैबिलोन के राजाओं को सबसे महंगे कालीनों के साथ आश्र्यचकित करूंगा। जल्द ही मुझे उसकी अंगूठी वापस करनी होगी। वह तुरंत ऋण चुकाने पर जोर दे रहा है।"

"कुछ कर्जदार ऐसा करते हैं?" रॉडन ने प्रश्न किया।

"यदि वे उन उद्देश्यों के लिए उधार लेते हैं जिससे वह पैसा कमा सकते हैं, तो वह ऐसा करते हैं। लेकिन अगर वे अपने अविवेक के कारण उधार लेते हैं, तो मैं आपको सावधान करता हूँ कि तुम अपने सोने से हाथ धो बैठोगे, इसलिए हमेशा सावधान रहो।"

"मुझे इसके बारे में बताओ," रॉडन ने दुर्लभ डिजाइनों के गहनों के साथ एक भारी सोने का ब्रेसलेट उठाकर अनुरोध किया।

"मेरे अच्छे दोस्त को महिलाएं आकर्षित करती हैं," मैथन ने मजाक उड़ाते हुए कहा।

"मैं अभी भी तुमसे बहुत जवान हूँ," रॉडन ने जवाब दिया।

"मैं इसे स्वीकार करता हूँ, लेकिन इस बार आप रोमांस पर संदेह करते हैं जहां यह नहीं है। इसकी मालिकीन मोटी और झुर्रीदार है और इतना बोलती है और उसकी बातें इतनी बेकार की होती है कि वह मुझे पागल कर देती है। एक समय में उनके पास बहुत पैसा था और अच्छे ग्राहक थे, लेकिन उन पर बुरा समय की मार पड़ गई। उसका एक बेटा है, जिसे वह एक व्यापारी बनाना चाहती है। इसलिए वह मेरे पास सोना उधार लेने के लिए आईताकि उसका बेटा एक कारवां के मालिक का साथी बन जाए, जो शहर में अपने ऊंटों के साथ यात्रा करता है जो उन्हें एक शहर से खरीदकर दूसरे शहर में बेच देता है।"

"यह आदमी एक धूर्त साबित हुआ, क्योंकि उसने गरीब लड़के को दूर शहर में बिना पैसे और दोस्तों के छोड़ दिया। वह उस लड़के को सोते हुए छोड़कर चला गया। शायद जब वह लड़का मर्दाना हो जाएगा, तब वह ऋण चुका दे; और तब तक

मुझे कोई ब्याज नहीं मिलेगा- केवल बहुत से वादें मिलेंगे। लेकिन मैं मानता हूँ कि यह गहने ऋण की राशि से अधिक क़ीमती हैं।”

“क्या इस महिला ने ऋण की समझदारी के बारे में आपकी सलाह मांगी थी?”

“उसने अपने इस बेटे को बैबिलोन के एक धनी और शक्तिशाली व्यक्ति के रूप में चित्रित किया था। इसके विपरीत सुझाव देना उसे क्रोधित करना था। मुझे एक उचित फटकार पड़ी। मैं इस अनुभवहीन लड़के को धन देने का जोखिम जानता था, लेकिन जैसा कि उसने सुरक्षा में गहनों की पेशकश की थी, इसलिए मैं उसे मना नहीं कर सका।”

मैथन ने रस्सियों की गाँठ को दिखाते हुए आगे कहा, “यह ऊंट व्यापारी नेबातुर से संबंधित है। जब वह कोई बड़ा झुंड खरीदता है तो वह मेरे पास यह रस्सी लाता है और मैं उसकी ज़रूरत के अनुसार उसे उधार देता हूँ। वह एक बुद्धिमान व्यापारी है। मुझे उसके अच्छे निर्णय पर भरोसा है और मैं उसे स्वतंत्र रूप से उधार दे सकता हूँ। बैबिलोन के कई अन्य व्यापारियों पर भी मुझे उनके सम्मानजनक व्यवहार के कारण उन पर विश्वास है।”

“उनके 92 टोकन मेरी संदूक में बार-बार आते-जाते रहते हैं। अच्छे व्यापारी हमारे शहर के लिए एक संपत्ति हैं और उनके व्यापार को आगे बढ़ाने में मदद करने से मुझे तो लाभ होता ही है, साथ ही साथ बैबिलोन भी समृद्ध होता जाता है।”

मैथन ने फ़िरोज़ा में उकेरी गई एक भृंग को निकाला और उसे तिरस्कारपूर्वक फर्श पर फेंक दिया। “मिस्र का एक कीड़ा। जो लड़का इसका मालिक है, उसे मेरा सोना लौटाने की परवाह नहीं है। मुझे नहीं पता कि वह कभी मेरा सोना वापस देगा या नहीं। जब मैं उसे फटकारता हूँ तो वह जवाब देता है, 'दुर्भाग्य मेरा पीछा नहीं छोड़ रहा तो मैं आपका ऋण कैसे चुका सकता हूँ? आपके पास तो बहुत पैसा है।'

मैं क्या कर सकता हूँ? य टोकन उसके पिता का है – वह छोटे साधनों वाला एक योग्य व्यक्ति था, जिसने अपने बेटे के उद्यमों को समर्थन देने के लिए अपनी जमीन और मवेशी गिरवी रख दिए। उसके बेटे को पहले तो सफलता मिली और बाद में अधिक धन प्राप्त करने के चक्कर में, वह बहुत उत्साही हो गया। उसका ज्ञान अपरिपक्व था। उसका व्यापार ध्वस्त हो गया।

“युवा महत्वाकांक्षी होते हैं। युवा धन और वांछित चीज़ों को पाने के लिए शॉर्ट कट का सहारा लेते हैं। जल्दी से धन प्राप्त करने के लिए युवा अक्सर अविवेकपूर्ण ढंग से उधार लेते हैं।”

युवा, जिनके पास कभी अनुभव नहीं था, यह महसूस नहीं कर सकते कि निराशाजनक ऋण एक गहरे गड्ढे की तरह है जिसमें कोई जल्दी से उतर सकता है और जहां कई दिनों तक व्यर्थ संघर्ष कर सकता है। यह दुःख और पश्चाताप का गड्ढा है जहाँ सूर्य की चमक धूमिल होती है और रात बेचैन नींद से दुखी हो जाती है।

फिर भी, मैं सोना उधार लेने को हतोत्साहित नहीं करता। मैं इसे प्रोत्साहित करता हूँ। मैं इसकी अनुशंसा करता हूँ यदि यह एक बुद्धिमान उद्देश्य के लिए लिया जा रहा हो तो। मैंने खुद उधार के सोने के साथ एक व्यापारी के रूप में अपनी पहली वास्तविक सफलता हासिल की थी।

"फिर भी, ऐसे मामले में ऋणदाता को क्या करना चाहिए? युवा निराशा में है और कुछ भी नहीं कमाता। वह निराश है। वह ऋण चुकाने के लिए कोई प्रयास नहीं करता। मेरा दिल उसके पिता की जमीन और मवेशियों को छीनने के खिलाफ है।"

रॉडन ने कहा, "आपने मुझे बहुत कुछ बताया जो मुझे सुनने में दिलचस्पी लगा, लेकिन, मुझे अपने सवाल का कोई जवाब नहीं मिला। क्या मुझे अपनी बहन के पति को सोने के पचास सिक्के उधार देने चाहिए? वे सिक्के मेरे लिए बहुत मायने रखते हैं।"

"तुम्हारी बहन एक अच्छी महिला है जिसका मैं बहुत सम्मान करता हूँ। अगर उनका पति मेरे पास आकर पचास सोने के सिक्के उधार मांगे, तो मुझे उससे पूछना पड़ेगा कि वह इसका उपयोग किस उद्देश्य से करेगा।"

"अगर उसने जवाब दिया कि वह मेरी तरह एक व्यापारी बनना चाहता है और गहनों और समृद्ध सामानों का व्यापार करना चाहता है। फिर मैं उससे पूछूंगा, 'तुम्हें इस व्यापार के तरीकों का क्या ज्ञान है? क्या तुम जानते हो सबसे कम क़ीमत पर इस सामान को कहां से खरीद सकते हो? क्या तुम जानते हो उचित मूल्य पर इसे कहाँ बेचा जा सकता है?" क्या वह इन सवालों का जवाब 'हां' में दे सकता है?"

रॉडन ने स्वीकार करते हुए कहा, " नहीं, वह नहीं दे सकता, उसने भाले बनाने में मेरी बहुत मदद की है और कुछ अन्य दुकानों में भी मदद की है।"

"फिर, मैं उससे कहूँगा उसका उद्देश्य समझदारी भरा नहीं है। व्यापारियों को अपना व्यापार सीखना चाहिए। हालांकि, उसकी महत्वाकांक्षा योग्य है, लेकिन व्यावहारिक नहीं है, इसलिए मैं उसे सोना उधार नहीं दूंगा।"

" लेकिन, मान लो कि वह कहे : 'हां, मैंने व्यापारियों की बहुत मदद की है। मैं स्मिर्ना की यात्रा करना और गृहिणियों द्वारा बुने कालीनों को कम क़ीमत पर खरीदना जानता हूँ। मैं बैबिलोन के कई अमीर लोगों को भी जानता हूँ जिन्हें बड़े लाभ पर मैं ये कालीन बेच सकता हूँ।" तब मैं कहूँगा : 'तुम्हारा उद्देश्य लाभदायक है और तुम्हारी

महत्वाकांक्षा सम्मानजनक है।मुझे तुम्हें सोने के पचास सिक्के उधार देने में ख़ुशी होगी यदि तुम मेरे पास सुरक्षा के रूप में कुछ गिरवी रख सकते हो, जिससे मुझे यह विश्वास हो जाए कि मेरा सोना वापस लौटा दिया जाएगा।लेकिन अगर वह कहे, मेरे पास इसके अलावा कोई सुरक्षा नहीं है कि मैं एक सम्मानित व्यक्ति हूँ और आपको ऋण के लिए अच्छी तरह से भुगतान करूंगा।' तब मैं उत्तर दूंगा, मैं सोने के प्रत्येक सिक्के को बहुत अच्छे से संजोकर रखता हूँ।यदि लुटेरे स्मिर्ना की यात्रा के दौरान तुमसे ये सिक्के लूट ले या लौटते समय कालीन तुमसे लूट ले, तो तुम्हारे पास मेरा ऋण चुकाने का कोई साधन नहीं होगा और मेरा सारा सोना डूब जाएगा।'

रॉडन तुमने देखा, सोना, पैसे देने वाले का माल है।उधार देना आसान है।अगर तुम बिना सोचे समझे उधार देते हो तो इसे वापस पाना मुश्किल होता है।बुद्धिमान ऋणदाता उपक्रम के जोखिम की नहीं, बल्कि वह सुरक्षित भुगतान की गारंटी चाहता है।

मैथन ने आगे कहा, "मुसीबतों में घिरे लोगों की सहायता करना अच्छा है, उन लोगों की सहायता करना अच्छा है जिन पर भाग्य की भारी मार पड़ी हो।उन लोगों की सहायता करना बहुत अच्छी बात जो नया व्यापार शुरू कर रहे हैं ताकि वे प्रगति कर सकें और मूल्यवान नागरिक बन सकें, लेकिन सहायता बुद्धिमानी से की जानी चाहिए, ऐसा न हो कि किसान के गधे की तरह, हमारी सहायता करने की इच्छा में, हमें खुद ही दूसरों का बोझ ढोना पड़ जाए।"

"फिर से मैं तुम्हारे प्रश्न से भटक गया, रॉडन, लेकिन मेरा जवाब सुनो: अपने पचास सोने के सिक्के अपने पास रखो।जिसे तुमने अपनी मेहनत से कमाया है और जो तुम्हें उपहार में मिला है वह तुम्हारा ही है और तुम्हारी मर्ज़ी के बगैर कोई भी व्यक्ति उस पर अपना हक़ नहीं जमा सकता।यदि तुम उस सोने को उधार देने की सोच रहे हो, जिससे की वह तुम्हारे लिए और अधिक सोना कमाए, तो बड़ी सावधानी से और बहुत स्थानों पर उधार दे।मुझे बेकार पड़ा सोना पसंद नहीं है और जोखिम लेना मुझे उससे भी ज़्यादा नापसंद है।"

"कितने सालों से तुम भाला बनानेका काम कर रहे हो?"

"पूरी तरह से तीन सालों से।"

"राजा के द्वारा दिए गए उपहार के अलावा और कितना सोना तुम्हारे पास बचा है?"

"सोने के तीन सिक्के।"

"हर साल जब तुमने मेहनत की, तब तुमने अपनी कमाई में से हर साल एक सोने का सिक्का बचाने के लिए, कितनी अच्छी वस्तुओं का खरीदने से इन्कार किया होगा?"

"आप सही कह रहे हैं।"

"तो इसी तरह अपने त्याग से पचास साल की मेहनत से सोने के पचास सिक्के बचा सकते हो?"

"यह तुम्हारे जीवन भर की मेहनत होगी।"

"क्या तुम्हें लगता है कि तुम्हारी बहन कांस्य के पिघलने वाले बर्तन पर पचास साल के मेहनत की बचत को खतरे में डालना चाहेगी वो भी इसलिए ताकि उसका पति एक व्यापारी बनने के लिए उस बचत का प्रयोग कर सके?"

"अगर मैं तुम्हारे शब्दों में बोलूँ, तो शायद नहीं।"

"फिर उसके पास जाओ और कहो: 'तीन साल मैंने उपवास के दिनों को छोड़कर हर दिन काम किया है, सुबह से रात तक, और मैंने खुद की बहुत सी इच्छाओं को दबाया है जिन्हें पूरा करना चाहता था। मेहनत और आत्म-त्याग के हर साल के बदले मुझे एक सोने का सिक्का मिला है। तुम मेरी प्यारी बहन हो और मैं चाहता हूँ कि तुम्हारा पति एक ऐसे व्यवसाय में संलग्न हो, जिसमें वह बहुत समृद्ध बने। अगर वह मुझे एक ऐसी योजना प्रस्तुत करेगा जो मेरे दोस्त, मैथन को लाभदायक और संभव लगती है, तो मैं ख़ुशी से उसे मेरी एक साल की बचत उधार दे दूंगा ताकि उसे यह साबित करने का अवसर मिले कि वह सफल हो सकता है। यदि उसके भीतर सफल होने की प्रबल इच्छा है तो वह इसे साबित कर सकता है। यदि वह विफल रहता है तो भी उस पर इतना उधार नहीं होगा जिसे वह चुका न पाए।

"मैं एक स्वर्ण ऋणदाता हूँ क्योंकि मैं अपने व्यापार में जितना सोना उपयोग कर सकता हूँ, मेरे पास उस से अधिक सोना है। मैं चाहता हूँ कि मेरा अधिशेष सोना दूसरों के लिए मेहनत करे और इससे अधिक सोना अर्जित हो। मैं अपना सोना खोने का जोखिम नहीं लेना चाहता, क्योंकि मैंने इसे बहुत मेहनत से कमाया है और इसको सुरक्षित रखने के लिए अपनी इच्छाओं का त्याग किया है। इसलिए, मैं इसको उस जगह उधार नहीं दूंगा, जहां मुझे विश्वास नहीं है कि यह सुरक्षित है और मुझे वापस कर दिया जाएगा। न ही मैं इसे वहाँ उधार दूंगा, जहां मुझे यकीन न हो कि इसका ब्याज मुझे समय से दिया जाएगा।"

"रॉडन, मैंने तुम्हें अपनी टोकन वाली संदूक के कुछ रहस्य बताए हैं। उनसे तुम लोगों की कमजोरी और उधार लेने की उनकी उत्सुकता को समझ सकते हो, जिसे

चुकाने के लिए उनके पास कोई निश्चित साधन नहीं है।तुमने ये देखा होगा अक्सर लोग सोचते है कि अगर उनके पास सोना आ जाए तो वह उससे बड़ी कमाई कर सकते हैं, लेकिन वे झूठी उम्मीदें होती हैं, क्योंकि उनके पास उन्हें पूरा करने की क्षमता या प्रशिक्षण नहीं होता।"

"रॉडन, अब तुम्हारे पास सोना है, जिससे तुम्हें अपने लिए और अधिक सोना कमाना चाहिए।तुम भी मेरे समान सोने उधार देने वाले बन सकते हो।यदि तुम अपने धन को सुरक्षित रखोगे, तो यह तुम्हारे लिए उदार कमाई उत्पन्न करेगा और तुम धनी हो जाओगे। तुम्हारी बाकी कि ज़िन्दगी के लिए, यह आनंद और लाभ का स्रोत बननेगा, और यदि तुम इसे गवां देते हो, तो यह निरंतर दुःख और अफसोस का स्रोत साबित होगा।"

"तुम अपने पर्स में रखे इस सोने से सबसे अधिक क्या करना चाहते हो?"

"इसे सुरक्षित करना चाहता हूँ।"

मैथन ने शाबाशी देते हुए कहा, "समझदारी वाली बात बोली, तुम्हारी पहली इच्छा इसे सुरक्षित रखने ने की है।क्या तुम्हें ऐसा लगता है, तुम्हारी बहन के पति को दिए जाने के बाद यह सोना संभावित नुकसान से वास्तव में सुरक्षित रहेगा?"

"मुझे डर है, क्योंकि उसमें सोने की रखवाली करने की समझ नहीं है।"

"तो किसी भी व्यक्ति पर अपनी मूर्खतापूर्ण भावनाओं से प्रभावित होकर उस पर भरोसा मत करो, और उसे अपना खज़ाना देने का जोखिम मत उठाओ।यदि तुम अपने परिवार या अपने दोस्तों की मदद करना चाहते हो, तो अपने ख़ज़ाने को नुकसान के जोखिम में डालने के अलावा अन्य तरीके खोजो।यह मत भूलो कि सोना उन लोगों के हाथों से अप्रत्याशित तरीके से फिसल जाता है जो इसकी रक्षा करने में अकुशल होते हैं।दूसरों को अपना सोना देकर खो देने से तो अच्छा है कि तुम अपने ख़ज़ाने को फिजूलखर्ची में बर्बाद करदो।"

"सुरक्षा के बाद आगे इस ख़ज़ाने के साथ तुम्हारी क्या करने की इच्छा है?"

"यही कि इससे और अधिक सोना कमाऊँ।"

"फिर से तुम समझदारी के साथ बोले। इसका निवेश ऐसी जगहों पर करना चाहिए जहां यह तुम्हें और अधिक धन कमा कर दे। बुद्धिमानी से उधार दिया गया सोना, तुम जैसे व्यक्ति के बूढ़े हो जाने से पहले, अपनी कमाई से दोगुना भी हो सकता है।यदि तुम अपने ख़ज़ाने को खोने का जोखिम उठाते हो तो तुम उसके साथ वह सब खोने का जोखिम उठाते हो जो वह कमा सकता है।"

“इसलिए, अव्यवहारिक पुरुषों की शानदार योजनाओं से प्रभावित न हों, जो सोचते हैं कि वे तुम्हारे सोने को असामान्य रूप से बढ़ाने के तरीके जानते हैं। ऐसी योजनाएँ अक्सर सपने देखने वाले लोग बनाते हैं, जिन्हें व्यापार के सुरक्षित और भरोसेमंद कानूनों का ज्ञान नहीं होता। तुम जो भी रास्ता इसकी और अधिक कमाई के लिए चुन रहे हो, उसमें सतर्क रहो ताकि तुम्हारा खजाना सुरक्षित रहे और तुम उसका भरपूर आनंद उठा सको। इसे भारी रिटर्न के वादे के साथ ब्याज पर देना नुकसान को आमंत्रित करना है।”

“अपने आप को ऐसे पुरुषों और उद्यमों के साथ जोड़ने की कोशिश करो जो सफलता हासिल कर चुके हैं जिससे तुम्हारा खजाना उनके कुशल उपयोग के तहत पर्याप्त मात्रा में कमा सके और उनके ज्ञान व अनुभव से सुरक्षित रूप से संरक्षित रहे सके।”

“इस प्रकार, तुम उन दुर्भाग्य से बच सकते हो जोअधिकांश उन पुरुषों का पीछा करते हैं जिन्हें भगवान सोना सौंपने के लिए योग्य समझते हैं।”

जब रॉडन ने उसकी ज्ञानपूर्ण सलाह के लिए उसे धन्यवाद दिया, तो उसने यह कहते हुए अनसुना कर दिया, “राजा का उपहार तुम्हें बहुत ज्ञान देगा। यदि तुम सोने के पचास सिक्के अपने पास रखना चाहते हो, तो वास्तव में तुम्हें विवेकशील होना चाहिए।”

“कई प्रयोग तुम्हें लुभाएंगे। तुम्हें बहुतसी सलाहें दी जाएंगी। तुम्हें बड़ा मुनाफा कमाने के कई अवसर बताएं जाएंगे, जो तुम्हें गुमराह कर सकते हैं। मेरे टोकन वाली संदूक की कहानियों से आपको चेतावनी मिलनी चाहिए, इससे पहले कि तुम सोने का कोई भी सिक्का अपने ख़ज़ाने में से निकालकर किसी को दो, तो यह सुनिश्चित कर लेना कि तुम एक सुरक्षित तरीके से उसे वापस पा सकते हो। यदि तुम्हें भविष्य में भी मेरी सलाह की जरूरत पड़े तो बेझिझक आ जाना। सलाहें ख़ुशी से दी जाएंगी।”

क्या आपने इसे पढ़ा है जो मैंने अपने टोकन वाली संदूक के ढक्कन के नीचे लिखवाया हुआ है। यह उधारकर्ता और ऋणदाता पर समान रूप से लागू होता है:

एक बड़े अफसोस की तुलना में,
थोड़ी सी सावधानी बेहतर है ।

बैबिलोन की दीवारें

बूढ़ा सैनिक बंजार, युद्ध के दूसरे दिन बैबिलोन की प्राचीन दीवारों के शीर्ष तक जाने वाले मार्ग पर पहरा दे रहा था। ऊपर, बहादुर रक्षक दीवारों की रक्षा करने के लिए संघर्ष कर रहे थे। उन पर सैकड़ों हजारों नागरिकों के साथ इस महान शहर का भविष्य भी निर्भर था।

दीवारों के पार से हमला करने वाली सेनाओं की गर्जना, कई आदमियों के चिल्लाने, हजारों घोड़ों के एक साथ दौड़ने, और कांसे के फाटकों को ज़ोर-ज़ोर से पीटने वाले मेढ़ों की आवाज सुनाई दे रही थी।

फाटक के पीछे की गली में सिपाही भाले पकड़े हुए खड़े थे, जो प्रवेश द्वार के टूट जाने की स्थिति में नगर की रक्षा करने के लिए तैयार थे। इस कार्य के लिए वे संख्या में बहुत कम थे। बैबिलोन की मुख्य सेनाएं अपने राजा के साथ पूर्व में एलामियों के खिलाफ महान अभियान पर थीं। उनकी अनुपस्थिति के दौरान शहर पर कोई हमले की आशंका नहीं थी, इसलिए बचाव के लिए सिर्फ छोटे दल ही थे।

अप्रत्याशित रूप से, उत्तर की ओर से, असीरियन की शक्तिशाली सेना ने धावा बोल दिया। और अब शहरकी रक्षा इन दीवारों को ही करनी थी, नहीं तो बैबिलोन बर्बाद हो जाता।

बंजार के चारों ओर नागरिकों ने भीड़ लगा राखी थी, उनके डर से भयभीत चेहरे, बेसब्री से लड़ाई की खबर की तलाश में थे। वे चुपचाप दुख के साथ घायल और मृतसैनिकों की कतार को मार्ग से अंदर या बाहर आते और ले जाते हुए देख रहे थे। यह हमले का महत्वपूर्ण क्षण था। तीन दिन तक शहर के चक्कर लगाने के बाद, शत्रु ने अचानक ही इस भाग और इस फाटक पर अपनी पूरी शक्ति झोंक दी थी।

हमलावर सीढ़ी और मंच बनाकर दीवार के ऊपर चढ़ाई करने की कोशिश कर रहे थे, और दीवार के ऊपर से सैनिक तीरों से, जलते हुए तेल से उन्हें ऊपर चढ़ने से रोक रहे थे और यदि कोई ऊपर पहुंच गया, तो वह भाले से उनका मुक़ाबला कर रहे थे। सैनिकों के खिलाफ, दुश्मन के हजारों तीरंदाजतीरों की घातक बौछार कर रहे थे।

बूढ़ा बंजार युद्ध की खबर देने के लिहाज़ से सबसे सुविधाजनक स्थान पर था। वह युद्ध स्थल के सबसे करीब था और वह उन्मादी हमलावरों की हर ताजा खीज के बारे में सबसे पहले सुन सकता था।

एक बुजुर्ग व्यापारी भीड़ में से उसके पास आया, उसके हाथ कांप रहे थे। "मुझे बताओ मुझे बताओ!" उसने याचना की। "वे शहर के अंदर तो नहीं आएंगे। मेरे बेटे राजा के साथ युद्ध में गए हैं। मेरी बूढ़ी पत्नी की रक्षा करने वाला कोई नहीं है वे सब मेरा सामान लूट लेंगे। मेरा खाना भी, वे कुछ नहीं छोड़ेंगे। हम बूढ़े हो गए हैं, इतने बूढ़े की हम अपनी रक्षा भी नहीं कर सकते —गुलाम बनने लायक भी नहीं हैं। हम भूखे मर जाएंगे। मुझे बताओ कि वे अंदर तो नहीं आएंगे।"

"शांत हो जाओ, भले व्यापारी," सैनिक ने जवाब दिया। "बैबिलोन की दीवारें बहुत मजबूत है। बाजार में वापस जाओ और अपनी पत्नी से कहो कि दीवारें तुम्हारी और तुम्हारी सारी संपत्ति की उतनी ही रक्षा करेंगी जितनी वे राजा के समृद्ध खजाने की रक्षा करती हैं। दीवारों के पास रहो, ऐसा न हो कि कोई उड़ता हुआ तीर तुम्हें आकर लग जाए!"

"गोद में एक बच्चे के साथ एक महिला ने बूढ़े आदमी की जगह ले ली क्योंकि वह पीछे हट गया था।" सैनिक, ऊपर से क्या खबर है? मुझे सच-सच बताओ जिससे कि मैं अपने गरीब पति को आश्वस्त कर सकूँ। वह अपने भयानक घावों के साथ बुखार से तप रहा है, फिर भी अपना कवच और भाला लेकर मेरी रक्षा करने के लिए जोर दे रहा है, मुझे बच्चा होने वाला है। वह कहता है अगर हमारे शत्रु अंदर आने में कामयाब होते है, तो उनकी तामसिक वासना बहुत भयानक होगी।

"अच्छा सोचो, तुम माँ हो, और फिर से माँ बनने वाली हो, बैबिलोन की दीवारें तुम्हारी और तुम्हारे बच्चों की रक्षा करेगी। वे ऊंची और मजबूत हैं। क्या तुमने हमारे बहादुर सैनिकों की आवाज़ें नहीं सुनी जो कि सीढ़ी से चढ़ने वाले शत्रुओं के सैनिकों पर खौलते हुए तेल के हौदों को खाली कर रहे हैं?"

"हाँ, मुझे यह सुनाई दे रहा है, और हमारे फाटकों पर हथौड़े की तरह सिर मारने वाले मेढ़ों की दहाड़ भी सुनाई दे रही है।"

"अपने पति के पास वापस जाओ। उसे बताओ कि फाटक मजबूत हैं और मेढ़ों का सामना कर रहे हैं। इसके अलावा, अगर कुछ सैनिक दीवारों पर चढ़ भी रहे हैं, तो भाले लिए हमारे सैनिक उनका इंतजार कर रहे हैं। देखो, इमारतों के पीछे से संभलकर जाना।"

बंजार ने भारी सशस्त्र सुदृढीकरण के लिए मार्ग को खाली करने के लिए एक तरफ हो गया। जैसे, कांस्य की ढालें और भारी कदमों सेचलने के साथ, साईकोन की टुकड़ी वहाँ से गुजरी, एक छोटी लड़की ने उसके कमरबंद को खींचा।

वह याचना करते हुए बोली, "कृपया मुझे बताओ, सैनिक, क्या हम सुरक्षित हैं?" मैंने भयानक शोर सुना है। मैंने पुरुषों को खून से लथपथ देखा है। मैं बहुत डर गई हूँ। हमारे परिवार का, मेरी मां, छोटे भाई और बच्चे का क्या होगा?

गंभीर बूढ़े प्रचारक ने अपनी आँखें झपकाईं और बच्ची को देखते ही अपनी ठुड्डी आगे बढ़ा दी।

उसने उसे आश्वासन देते हुए कहा, "डरो मत, छोटी बच्ची, बाबुल की दीवारें तुम्हारी और तुम्हारी माँ, छोटे भाई और बच्चे की रक्षा करेंगी। तुम जैसे लोगों की सुरक्षा करने के लिए ही रानी सेमिरामिस ने सौ साल पहले इन्हें बनवाया था। इन्हें आजतक कोई नहीं तोड़ पाया है। वापस अपने घर जाओ और अपनी माँ से कहना तुम्हारी माँ, छोटा भाई, और बच्चे की बैबिलोन की मज़बूत दीवारें उनकी रक्षा कर रही हैं, और उन्हें डरने की ज़रूरत नहीं है।"

हर दिन बूढ़ा बंजार अपनी जगह पर खड़ा रहकर, दालान से पंक्तियों में ऊपर जाते सैनिकों को देखता रहता था, सैनिक वहाँ तब तक डटकर लड़ते जब तक वह बुरी तरह से घायल नहीं हो जाते थे या मर नहीं जाते और उसके बाद उसी रास्ते से फिर उन्हें नीचे लाया जाता था। उसके चारों ओर, भयभीत नागरिकों की भीड़ लगातार यह जानने के लिए उत्सुक रहती थी कि दीवारें ये हमला सहन तो कर पा रही है, यह टूट तो नहीं जाएंगी।

वह बूढ़ा सैनिक सबको गरिमा के साथ एक ही जवाब देता कि "बैबिलोन की दीवारें तुम्हारी रक्षा करेगी।"

तीन सप्ताह और पांच दिनों तक इसी तरह क्रूरता के साथ लगातार हिंसा चलती रही। बंजार का चेहरा पीछे के मार्ग को देखकर कठोर और गंभीर हो गया, जो कई घायलों के खून से भीगा हुआ था, सैनिकों की आवाजाही की वजह से मार्ग कीचड़ में मथ दिया गया था। हर दिन हमले में मारे गए शत्रुओं की लाशों का ढेर दीवार के सामनेलग जाता था। हर रात उन्हें उनके साथियों द्वारा ले जाकर दफनाया जाता था।

चौथे सप्ताह की पाँचवीं रात को कोलाहल कम हुआ। दिन के उजाले की पहली किरण में, मैदानी इलाके रोशन हो गए, और वहाँ सेपीछे हटने वाली शत्रुओं की सेना द्वारा उठाए गए धूल के महान बादलों को साफ देखा जा सकता था।

रक्षक सैनिकों की ओर से एक जोरदार शोर हुआ। इसका अर्थ समझने में कोई ग़लती नहीं कर सकता था। दीवारों के पीछे इंतज़ार कर रहे सैनिकों ने भी इस शोर को दोहराया। सड़कें भी जीत का इंतज़ार कर रहे नागरिकों के शोर से गूँज उठी। यह एक तूफान के शोर की तरह पूरे शहर में फैल गया।

लोग घरों से बाहर दौड़ पड़े। धड़कती भीड़ से सड़कें जाम हो गईं। हफ़्तों के दबे हुए डर ने ख़ुशी का रूप ले लिया था। बेल के मंदिर की ऊंची मीनार के ऊपर से विजय की ज्वाला फूट पड़ी। विजय संदेश को दूर-दूर फैलाने के लिए ऊपर आकाश की ओर नीला धुआँ उड़ाया गया।

बैबिलोन की दीवारों ने एक बार फिर एक शक्तिशाली और घमंडी दुश्मन को खदेड़ दिया था, जो उसके समृद्ध ख़ज़ाने को हड़पकर और उसके नागरिकों को लूटकर अपना गुलाम बनाने के लिए दृढ़ था। बैबिलोन अपनी मज़बूत दीवारों के कारण ही सदियों तक सुरक्षित रहा। अन्यथा यह सुरक्षित नहीं रह पाता।

बैबिलोन की दीवारें मनुष्य की आवश्यकता और सुरक्षा की इच्छा का एक उत्कृष्ट उदाहरण थीं।

यह इच्छा मानव जाति में निहित है। यह आज भी उतना ही मजबूत है जितनी पहले थी, लेकिन हमने उसी उद्देश्य को पूरा करने के लिए अब व्यापक और बेहतर योजनाएँ विकसित कर ली हैं।

आज, बीमा, बचत खातों और भरोसेमंद निवेश की अभेद्य दीवारों के पीछे, हम खुद को अप्रत्याशित त्रासदियों से बचा सकते हैं जो किसी भी दरवाजे में प्रवेश कर सकती हैं और किसी को भी विपत्ति में डाल सकती हैं।

हम पर्याप्त सुरक्षा के बिना नहीं रह सकते।

बैबिलोन का ऊंट व्यापारी

व्यक्ति जितना अधिक भूखा होता है, उसका मन उतना ही तीव्रता से काम करता है - भोजन की गंध के प्रति भी वह उतना ही अधिक संवेदनशील हो जाता है।

अज़ूर के पुत्र तरकाद ने निश्चित रूप से ऐसा सोचा था। पूरे दो दिन तक उसने दो छोटे अंजीरों के सिवा कुछ भी नहीं खाया था जो उसने एक बगीचे में से चुराये थे। इससे पहले वह और ज़्यादा अंजीर तोड़ पाता, गुस्से में एक महिला बाहर निकल आई और सड़क पर उसको पकड़ने के लिए दौड़ने लगी। जब वह बाजार से गुजर रहा था तो उसकी कर्कश चीखें उसके कानों में अभी भी गूंज रही थीं। उन चीख़ों ने उसकी बेचैन उंगलियों को बाजार की महिलाओं की टोकरियों से लुभावने फल छीनने से रोकने में मदद की।

इससे पहले उसने कभी महसूस नहीं किया था कि बैबिलोन के बाजारों में खाने का इतना सामान है और उनकी ख़ुशबू इतनी अच्छी होती है। बाजार से निकलकर वह सराय में चला गया और रसोई घर के सामने घूमने लगा। इस आशा में कि शायद उसे यहाँ कोई परिचित व्यक्ति मिल जाए, जिससे वह एक ताँबे का सिक्का उधार ले सके, और वह सिक्का सराय के मालिक को देकर उसकी मुस्कान के साथ कुछ खाने के लिए भी खरीद सके। वह अच्छी तरह जानता था कि ताँबे के बिना वह कितना अवांछित होगा।

अपनी अमूर्तता में उसने अप्रत्याशित रूप से खुद को एक ऐसे व्यक्ति के साथ आमने-सामने पाया, जिससे वे बचना चाहता था। वह लंबा, दुबला-पतला दबासिर था, जो एक ऊंट व्यापारी था। वह उन सभी दोस्तों और अन्य लोगों में से एक था, जिनसे

उसने छोटी-छोटी रकम उधार ली थी, उनमें से दबासिर ने उसे सबसे ज्यादा असहज महसूस कराया था क्योंकि तरकाद तुरंत कर्ज़ चुकाने के अपने वादों को निभाने में असफल रहा था।

उसे देखते ही दबासिर का चेहरा खिल उठा। "ओरे! 'तुम तो तरकाद है, वही जिसे मैं ढूंढ़ रहा था ताकि तुम मेरे ताँबे के दो सिक्के लौटा दो, जो मैंने तुम्हें कुछ दिन पहले उधार दिए थे; वह चाँदी का सिक्का भी जो मैंने उससे पहले तुम्हें दिया था। अच्छा हुआ हम मिल गए। आज मैं उन सिक्कों का अच्छा उपयोग कर सकता हूँ। क्या कहते हो, लड़के? क्या कहते हो?"

तरकाद हकलाने लगा और उसका चेहरा तमतमा गया। मुखर दबासिर के साथ, खाली पेट बहस करने की हिम्मत नहीं थी। वह कमजोर रूप से बुदबुदाया, "मुझे खेद है, बहुत खेद है, लेकिन आज मेरे पास न तो तांबा है और न ही चांदी जिसके साथ मैं आपका कर्ज़ चुका सकूँ।"

दबासिर ने उस पर दवाब डालते हुए कहा, "तो किसी से ले लो, निश्चित रूप से तुम कुछ ताँबे और चांदी के सिक्के किसी से ले सकते हो, जिससे तुम अपने पिता के एक पुराने मित्र का कर्ज़ चुका सकते हो, जिसने ज़रूरत पड़ने पर तुम्हारी सहायता की थी?"

"क्योंकि दुर्भाग्य मेरा पीछा कर रहा है, इसलिए मैं आपका कर्ज़ नहीं चुका सकता।"

"दुर्भाग्य! अपनी कमजोरी के लिए भगवान को दोष दे रहे हो। दुर्भाग्य हर उस आदमी का पीछा करता है जो कर्ज़ चुकाने से ज्यादा कर्ज़ लेने के बारे में सोचता है। मेरे साथ आओ, लड़के, मैं खाना खाने जा रहा हूँ। मुझे भूख लगी है और मैं तुम्हें वहाँ एक कहानी भी सुनाऊंगा।"

तरकाद दबासिर के क्रूर खुलेपन से चकरा गया, लेकिन यहाँ कम से कम रसोई घर के प्रतिष्ठित द्वार में प्रवेश करने का निमंत्रण मिला था, इसलिए वह ख़ुश भी था।

दबासिर उसे कमरे के एक दूर कोने में लेकर गया, जहाँ वे छोटे-छोटे कालीनों पर बैठे।

जब कौस्कर, सराय का मालिक मुस्कुराते हुए आया, तो दबासिर ने उन्हें अपनी सामान्य स्वतंत्रता के साथ संबोधित करते हुए कहा, "रेगिस्तान की मोटी छिपकली, मेरे लिए बकरे की एक टांग, भूरे रंग की, रस के साथ, और रोटी और सभी सब्जियां लाओ क्योंकि मुझे बहुत भूख लगी है और बहुत खाना चाहता हूँ। मेरे दोस्त को मत

भूलना। उसके लिए एक जग ठंडा पानी लाओ। इसे ठंडा करो, क्योंकि आज बहुत गर्मी है।"

तरकाद का चेहरा मुरझा गया। क्या यहाँ बैठकर वह सिर्फ पानी पिएगा, जबकि इस आदमी को एक पूरी बकरे की टांग खाते हुए देखेगा? वह कुछ नहीं बोला। वह सोच नहीं पा रहा था कि उसे क्या बोलना चाहिए।

हालाँकि, दबासिर को चुप्पी जैसी कोई चीज़ नहीं पता थी। उसने अन्य ग्राहकों की ओर मुस्कुरा कर देखते हुए अपना हाथ लहराया। वहाँ मौजूद सभी लोग उसे जानते थे। और उसने आगे कहा, "मैंने हाल ही में ऊर्फ से लौटे एक यात्री से सुना है, एक धनी व्यक्ति के बारे में जिसके पास पत्थर का एक इतना पतला टुकड़ा है जिसमें से कोई भी उसके आर-पार देख सकता है। उसने बारिश से बचने के लिए इसे अपने घर की खिड़की में लगा दिया है।"

उस यात्री ने बताया कि वह पीला रंग का है और जब उसे उस पत्थर से आर-पार देखने की अनुमति मिली तो उसको सारी बाहरी दुनिया अलग दिख रही थी और अपने वास्तविक रूप में नज़र नहीं आ रही थी। तुम इस बारे में क्या कहना चाहोगे, तरकाद? क्या किसी एक आदमी को पूरी दुनिया अपने वास्तविक रंगरूप से अलग नज़र आ सकती है?

"हो सकता है," युवक ने जवाब दिया, उसकी दिलचस्पी दबासिर के सामने रखे बकरी के मोटे पैर में ज्यादा थी।

"ठीक है, मुझे पता है कि यह सच है क्योंकि मैंने खुद दुनिया को इसके वास्तविक रंग से अलग रंग में देखा है। मैं जो कहानी सुनाने जा रहा हूँ, वह तुम्हें यह बताएगी कि कैसे मैं इसे एक बार फिर उसके सही रंग में देख पाया।"

"दबासिर एक कहानी सुनाने जा रहा है," वहाँ बैठे एक व्यक्ति ने अपने पड़ोसी के कानों में फुसफुसाते हुए कहा, और अपना कालीन उसके पास खींच लाया। अन्य लोग जो वहाँ भोजन कर रहें थे, वे भी अपना-अपना भोजन लेकर, उसके आसपास एक अर्धवृत्त बनाकर कहानी सुनने के लिए बैठ गए। तरकादके कानों में मांसल हड्डियों को चबाने की आवाज़ गूंज रही थी। वह अकेला था, जो वहाँ बिना भोजन के बैठा था। दबासिर ने न तो उससे अपने साथ भोजन खाने के लिए पूछा और न ही उसे रोटी का वो सख़्त टुकड़ा उठाने का संकेत दिया, जो उसकी थाली से नीचे गिर गया था।

दबासिर ने बकरे की टांग का मांसलदार हिस्सा काटते हुए थोड़ा रुककर आगे कहा, "मैं जो कहानी सुनाने जा रहा हूँ, यह कहानी मेरे शुरुआती जीवन से संबंधित है

और यह तुम्हें बताएगी कि मैं एक ऊंट व्यापारी कैसे बना। क्या किसी को पता है कि मैं पहले सीरिया मेंएक गुलाम था?"

सुनने वालों के बीच आश्चर्य की एक बड़बड़ाहट दौड़ गई, जिसे दबासिर ने संतोष के साथ सुन रहा था।

बकरे की टांग को फिर से चबाते हुए उसने आगे कहा, "जब मैं अपनी युवावस्था में था। मैंने अपने पिता का व्यापार, काठी बनाना सीखा। मैंने उनके साथ उनकी दुकान में काम किया और फिर मेरी शादी हो गई। युवा होने के नाते और ज्यादा कुशल नहीं होने के कारण, मैं अपनी मामूली कमाई से बड़ी मुश्किल से अपनी पत्नी का खर्चा उठा पाता था। मुझे अच्छी चीज़ों की लालसा थी जिन्हें मैं अपनी सीमित कमाई से खरीद नहीं कर सकता था। जल्द ही मैंने पाया कि दुकानदार मुझ पर बाद में भुगतान करने के लिए भरोसा करेंगे, भले ही उस समय मैं उन्हें भुगतान नहीं कर सकत था।"

"युवा और अनुभवहीन होने के कारण मुझे नहीं पता था कि जो अपनी कमाई से अधिक खर्च करता है वह अनावश्यक आत्म-भोग के बीज बो रहा होता है जिससे भविष्य में उसे परेशानी और अपमान के बवंडर का सामना सुनिश्चित रूप से करना ही पड़ता है। इसलिए मैंने अपनी इच्छाओं को पूरा करने के लिए कर्ज लेकर अपने लिए अच्छे कपड़े लिए और अपनी पत्नी तथा घर के लिए विलासिता की वस्तुएं खरीद ली। मैं जितना भुगतान कर सकता था मैंने किया और कुछ समय तक सब कुछ ठीक चलता रहा। लेकिन, कुछ समय बाद मुझे महसूस हुआ कि मैं अपनी कमाई का उपयोग अपने जीने का खर्चचलाने और कर्ज़ चुकाने के लिए एक साथ नहीं कर सकता।"

"लेनदारों ने मेरी फिजूलखर्ची का भुगतान करने के लिए मेरा पीछा करना शुरू कर दिया और मेरा जीवन दयनीय हो गया। मैंने अपने दोस्तों से कर्ज़ लिया, लेकिन उन्हें भी मैं उनका कर्ज़ नहीं लौटा सका। हालात बद से बदतर होते चले गए। मेरी पत्नी अपने पिता के घर लौट गई और मैंने बैबिलोन छोड़ने और दूसरे शहर की तलाश करने का फैसला किया जहां एक युवा व्यक्ति के पास पैसे कमाने के बेहतर मौके हो सकते हैं।"

"दो साल तक मैंने कारवां व्यापारियों के लिए काम करते हुए एक बेचैन और असफल जीवन जीया। इस के बाद मैं लुटेरों के एक समूह के साथ जुड़ गया, जो रेगिस्तान में अपना निशाना बनाने के लिए निहत्थे कारवां की तलाश में रहते थे। ऐसे कार्य मेरे पिता के पुत्र के योग्य नहीं थे, लेकिन मैं दुनिया को एक रंगीन पत्थर के माध्यम से देख रहा था और यह महसूस नहीं कर पाया था कि मैं किस कदर नीचे गिर गया हूँ।"

“हमें अपनी पहली ही यात्रा में सफलता मिल गई, जिसके जरिए हमने सोने, रेशम और बहुत सी मूल्यवान माल की एक समृद्ध खेप पर कब्जा कर लिया। इस लूट को हम गिनिर ले गए और वहाँ इन्हें खर्च कर दिया।”

“दूसरी बार हम इतने भाग्यशाली नहीं रहें। हमारे कब्जा करने के ठीक बाद, हम पर कुछ लोगों ने भालों से हमला किया, जिनके देशी प्रमुख को कारवां की सुरक्षा के लिए भुगतान किया गया था। हमारे दो नेता मारे गए थे, और बाकी जो लोग बच गए थे उन्हें दमिश्क ले जाया गया जहाँ हमारे कपड़े उतारे गए और हमें गुलामों के रूप में बेचा गया।”

“मुझे एक सीरियाई रेगिस्तान के प्रमुख द्वारा चांदी के दो सिक्कों के बदले खरीदा गया था। मेरे बाल कटवा दिए गए और पहनने के लिए एक लंगोट दी गई थी, मैं अन्य गुलामों से इतना अलग नहीं था। एक लापरवाह युवा होने के नाते, मुझे लगा कि यह भी केवल एक साहसिक कार्य साबित होगा, लेकिन जब मेरा मालिक मुझे अपनी चार पत्नियों के सामने ले गया और कहा कि वे मुझे अपना किन्नर बना सकती हैं तो मेरे रोंगटे खड़े हो गए।”

“तब, वास्तव में, मुझे अपनी दयनीय और निराशाजनक स्थिति का एहसास हुआ। मरुभूमि के ये लोग उग्र और युद्धप्रिय थे। हथियारों या भागने के साधनों के बिना, मैं उनकी इच्छा के अधीन था।”

“मैं वहाँ डरा-सहमा सा खड़ा था, क्योंकि वह चारों महिलाएं मुझे गौर से देख रही थी। मैं सोच रहा था कि क्या मैं उनसे दया की उम्मीद कर सकता हूँ। पहली पत्नी सीरा, बाकी तीनों पत्नियों की तुलना में बड़ी थी। मुझे देखते समय उसका चेहरा भावहीन था। मैं थोड़ी तसल्ली के साथ दूसरी ओर मुड़ गया। दूसरी पत्नी बहुत सुंदर लेकिन घमंडी थी जिसने मुझे उदासीनता से देखा जैसे कि मैं एक ज़मीन का कीड़ा हूँ। बाकी की दो छोटी पत्नियाँ ऐसे मुह दबाकर हंस रही थी जैसे कि यह सब एक रोमांचक मजाक हो।”

अब मुझे ऐसा लग रहा था जैसे कि मैं एक युग से सजा के इंतजार में खड़ा हूँ। हर महिला चाहती थी कि दूसरी महिला इसका निर्णय ले। अंत में सीरा ठंडी आवाज में बोली।

“किन्नर हमारे पास बहुत है, लेकिन ऊंटों की रेज़गार हमारे पास बहुत कम हैं और जो हैं भी तो वे बेकार हैं।”

“आज ही मैं अपनी माँ से मिलने जाना चाहती जाता हूँ जो बुखार से बीमार है और यहाँ कोई ऐसा गुलाम नहीं है जिस पर मैं अपने ऊँट का नेतृत्व करने के लिए भरोसा करूँ।इस गुलाम से पूछो कि क्या वह ऊँट का नेतृत्व कर सकता है।”

फिर मेरे मालिक ने मुझसे पूछा, “तुम ऊंटों के बारे में क्या जानते हो?”

अपनी उत्सुकता को छिपाने का प्रयास करते हुए, मैंने उत्तर दिया, "मैं उन्हें बैठा सकता हूँ, उन पर माल लाद सकता हूँ, उन्हें बिना थके लंबी यात्राओं पर ले जा सकता हूँ।यदि आवश्यक हो, तो मैं उनके शृंगार के सामान की मरम्मत भी कर सकता हूँ।"

“गुलाम काफी अनुभवी लगता है, "मेरे मालिक ने गौर करते हुए कहा। “यदि तुम चाहो, तो सीरा, इस गुलाम को अपने ऊँट की देखभाल के लिए ले जा सकती हो।”

“इसलिए मुझे सीरा के हवाले कर दिया गया और उस दिन मैं उसे ऊंट पर बैठा कर उसकी बीमार माँ से मिलवाने, एक लंबी यात्रा पर निकाल गया।मैंने इस अवसर पर उसकी हिमायत के लिए उसे धन्यवाद दिया और यह भी बताया कि मैं जन्म से गुलाम नहीं था, बल्कि बैबिलोन के एक सम्माननीय काठी बनाने वाले स्वतंत्र व्यक्ति का बेटा हूँ। मैंने उसे अपनी बहुत सारी कहानी भी सुनाई। उसकी टिप्पणियाँ मुझे विचलित करने वाली थीं और उसके द्वारा कही गई बातों पर मैंने बाद में बहुत सोच-विचार किया।”

“तुम अपने आप को एक स्वतंत्र व्यक्ति कैसे कह सकते हो, जबकि तुम्हारी कमजोरी तुम्हें इस मुकाम तक ले आई है? यदि किसी मनुष्य में गुलाम की आत्मा है, तो क्या वह जन्म के समय चाहे कुछ भी हो अंत में वह गुलाम नहीं बन जाएगा, जैसे पानी अपना स्तर खुद ही तलाश लेता है? यदि किसी व्यक्ति के भीतर एक स्वतंत्र व्यक्ति की आत्मा है, तो क्या वह अपने दुर्भाग्य के बावजूद अपने ही शहर में सम्मानित व्यक्ति नहीं बन पाएगा?”

मैं एक साल से अधिक समय तक गुलाम था और गुलामों के साथ रहा, परन्तु मैं उनके साथ घुल-मिल नहीं पाया।

एक दिन सीरा ने मुझसे पूछा, “जब दूसरे गुलाम आपस में मिलते हैं, एक-दूसरे से हंसी मज़ाक करते हैं और एक-दूसरे के साथ का आनंद लेते हैं, तो तुम अकेले अपने तम्बू में क्यों बैठे रहते हो?”

जिस पर मैंने उसे जवाब देते हुए कहा, “आपने मुझसे जो कहा था, मैं उस पर विचार कर रहा हूँ।मैं अचंभित हूँ कि क्या मेरे पास गुलाम की आत्मा है।मैं उनसे जुड़ नहीं सकता, इसलिए मैं उनसे अलग बैठता हूँ।”

उसने मुझे गुप्त रूप से बताते हुए कहा, "मुझे भी, अलग बैठना पड़ता है, मैं बहुत दहेज लाई थी और इसी वजह से मेरे पति ने मुझसे शादी की थी। फिर भी वह मुझे नहीं चाहते। हर महिला की इच्छा होती है कि उसे कोई चाहे। क्योंकि मैं बांझ हूँ और मेरे न तो बेटा है और न बेटी, इस कारण से मुझे अलग बैठना पड़ता है। यदि मैं एक पुरुष होती तो ऐसी गुलामों वाली ज़िन्दगी जीने के बजाय मर जाना पसंद करती, लेकिन हमारे गोत्र की परंपराएं पहले से ही महिलाओं को गुलाम बना देती हैं।"

मैंने अचानक उससे पूछा, "इस समय आप मेरे बारे में क्या सोचतीहैं? क्या मेरे पास एक स्वतंत्र व्यक्ति की आत्मा है या एक गुलाम की आत्मा है?"

सीरा ने मुझसे पूछा, "तुमने बैबिलोन में जो कर्ज़ लिए हैं, क्या तुम उसे चुकाना चाहते हो?"

"हाँ, मैं चुकाना चाहता हूँ, लेकिन मुझे कोई रास्ता नज़र नहीं आ रहा।"

"यदि तुम संतुष्ट होकर वर्षों को बीत जाने देते हो और कर्ज़ चुकाने का कोई प्रयास नहीं करते, तो तुम्हारे पास एक गुलाम की घृणित आत्मा है। अन्यथा कोई भी व्यक्ति ऐसा नहीं होता जो खुद का सम्मान न करता हो और जो व्यक्ति अपने कर्ज़ों को ईमानदारी से नहीं, चुकता वह खुद का सम्मान नहीं कर सकता।"

"लेकिन मैं क्या कर सकता हूँ, मैं तो सीरिया में एक गुलाम हूँ?"

"कमजोर व्यक्ति, तुम पूरी ज़िन्दगी सीरिया में गुलाम बने रहो।"

"मैं कमजोर नहीं हूँ, मैंने गर्मजोशी से इनकार किया।"

"फिर यह साबित करो।"

"कैसे?"

"क्या तुम्हारा महान राजा अपने शत्रुओं से हर प्रकार से और अपनी सारी शक्ति से नहीं लड़ता?"

"तुम्हारे कर्ज़ तुम्हारे शत्रु हैं। उन्होंने तुम्हें बैबिलोन से बाहर भागने पर मजबूर कर दिया। तुमने उन्हें अकेला छोड़ दिया और वे तुम्हारे लिए बहुत मजबूत हो गए। यदि तुम उनसे ईमानदार व्यक्ति के रूप में लड़ते, तो तुम उनसे जीत सकते थे और नगरवासियों के बीच सम्मानित हो सकते थे। परन्तु, तुम में उनसे लड़ने का हौसला नहीं था, और तुम्हारा सारा गरुर उतार गया और तुम अब सिरिया में एक गुलाम बन कर काम कर रहे हो।"

“मैंने उसके निर्दयी आरोपों के साथ, अपने लिए कई रक्षात्मक वाक्यांशों के बारे में भी सोचा जिनसे मैं उसके सामने यह साबित कर सकता था कि मैं दिल से गुलाम नहीं था, लेकिन मुझे उनका इस्तेमाल करने का मौका नहीं मिला। तीन दिन बाद सीरा की नौकरानी मुझे अपनी मालकिन के पास ले गई।”

सीरा ने कहा, “मेरी माँ फिर से बहुत बीमार है, मेरे पति के पशु समूह में दो सबसे अच्छे ऊँटों को तैयार करो। लंबी यात्रा के लिए उन पर पानी की कुछ मोकरी और सैडल बैग बांध लो। नौकरानी तुम्हें रसोई घर से भोजन दे देगी।”

मैं ऊँटों को यह सोचता हुआ तैयार कर रहा था कि नौकरानी द्वारा दिए गए भोजन की मात्रा बहुत अधिक है, क्योंकि सीरा की माँ एक दिन से भी कम की यात्रा की दूरी पर रहती थी। नौकरानी पीछे वाले ऊँट पर सवार हुई और मैं अपनी मालकिन के ऊँट का नेतृत्व कर रहा था। जब हम उसकी माँ के घर पहुँचे तब तक काफी अंधेरा हो चुका था। सीरा ने नौकरानी को वहाँ से जाने को कहा और फिर मुझसे बोली :

“देबासिर, तुम नें एक स्वतंत्र व्यक्ति की आत्मा है या एक गुलाम की?”

“एक स्वतंत्र व्यक्ति की आत्मा, " मैंने जोर देकर कहा।

“अब तुम्हारे पास इसे साबित करने का मौका आ गया है। अभी तुम्हारा मालिक नशे में धुत्त है और उसके सिपाही भी स्तब्ध हैं। तुम इन ऊँटों को लेकर यहाँ से भाग जाओ। इस थैले में तुम्हारे मालिक की पोशाक है जो तुम्हें भेष बदलने में मदद करेगी। मैं उससे कहूँगी कि जब मैं अपनी बीमार माँ के पास गई, तब तुम ऊँटों को चुराकर भाग गए।”

मैंने उससे कहा, “आपके पास एक रानी की आत्मा हैं, मैं चाहता हूँ कि आप भी मेरे साथ चलें और मैं आपको ख़ुशी दे सकूँ।”

उसने जवाब देते हुए कहा, “ख़ुशी, उस भगोड़ी पत्नी की प्रतीक्षा नहीं करती जो इसे दूर देशों में अनजाने लोगों के बीच ढूंढती है। तुम अपने रास्ते पर आगे बढ़ो, और रेगिस्तान के देवता तुम्हारी रक्षा करें, क्योंकि तुम्हारी मंज़िल दूर है, और रास्ता अन्न व जल से रहित है।”

“मुझे और अधिक आग्रह की आवश्यकता नहीं थी, लेकिन उसे गर्मजोशी से धन्यवाद दिया और रात के अंधेरे में दूर चल दिया। मैं इस अनजाने देश को नहीं जानता था और मुझे केवल उस दिशा की एक धुंधली सी याद थी, जिसमें बैबिलोन स्थित था, फिर भी मैंने बहदुरी से रेगिस्तान की पहाड़ियों को पार किया। एक ऊँट पर मैं सवार हुआ और दूसरे का नेतृत्व किया। मैंने पूरी रात और अगले पूरे दिन यात्रा की। मैं उन

भयानक सज़ाओं से भी अवगत था, जो गुलामों को अपने मालिक की संपत्ति चुराकर भागने की कोशिश करने के जुर्म में दी जाती थी।"

"शाम तक, मैं रेगिस्तान जैसे निर्जन देश में पहुंच गया। नुकीली चट्टानों ने मेरे वफादार ऊंटों के पैरों को ज़ख्मी कर दिया था। वे धीरे-धीरे और दर्द से कराहते हुए आगे बढ़ रहे थे। मुझे वहाँ न तो कोई इंसान दिख रहा था और न ही जानवर, और मैं अच्छी तरह समझ सकता था कि उन्होंने इस दुर्गम भूमि को क्यों छोड़ दिया होगा।"

"उसके बाद की यात्रा इतनी भयानक थी जिसके बारे में बताने के लिए कुछ लोग ही उसको पूरा करने के बाद जीवित बच सकते थे। दिन-ब-दिन हम साथ-साथ चलते रहे।"

"भोजन पानी सब खत्म हो चुका था। सूर्य की तपन निर्दयी थी। नौवें दिन की शाम को, मैं इस धारणा के साथ अपने ऊंट से नीचे फिसल गया कि मैं कभी भी दुबारा खड़ा नहीं हो पाऊँगा और मैं निश्चित रूप से इसी रेगिस्तान में खो कर मर जाऊंगा।"

"मैं जमीन पर ही लेट गया और सो गया, दिन के उजाले की पहली किरण तक मेरी आँख नहीं खुली।"

"मैं उठकर बैठा और अपने चारों ओर देखने लगा। सुबह की हवा में ठंडक थी। मेरे ऊंट वहीं पास में उदासीनता के साथ लेटे हुए थे। मेरे चारों ओर चट्टान, रेत और कंटीली चीज़ों से ढके हुए देश का एक विशाल कचरा था, पानी का कोई संकेत नहीं था, और न ही इंसान या ऊंट के लिए खाने के लिए भी कुछ नहीं था।"

"क्या ऐसा हो सकता है कि इस वीराने में मैंने अपने अंत का सामना करूँ? मेरा दिमाग़ पहले से कहीं ज्यादा स्पष्ट था। मेरा शरीर अब थोड़ा कम महत्वपूर्ण लग रहा था। मेरे होंठ सूख चुके थे और उनमें से खून बह रहा था, मेरी जीभ भी सूखकर सूज गई थी, मेरा पेट खाली था, लेकिन इन सबने पहले दिन की अपनी सर्वोच्च पीड़ाओं को खो दिया था।"

मैंने एक बार फिर अपने आप से सवाल किया, "क्या मैं एक गुलाम की आत्मा हूँ या एक स्वतंत्र व्यक्ति की? "तब स्पष्ट रूप से मैंने महसूस किया कि यदि मेरे पास गुलाम की आत्मा है, तो मुझे छोड़ देना चाहिए, और यहीं रेगिस्तान में लेट जाना चाहिए और मर जाना चाहिए, एक भगोड़े गुलाम के लिए यह एक उपयुक्त अंत होगा।

"लेकिन अगर मेरे पास एक स्वतंत्र व्यक्ति की आत्मा होती, तो क्या होता? निश्चित रूप से मैं बैबिलोन वापस जाने के लिए दिलों-जान से कोशिश करता, जिन लोगों ने मुझ पर भरोसा किया था उनका क़र्ज़ा चुकाता, मेरी पत्नी जो वास्तव में मुझसे

प्यार करती थी उसको उसके हिस्से की ख़ुशियाँ देता और मेरे माता-पिता को शांति और संतोष देता।”

सीरा ने कहा था, “तुम्हारे कर्ज़ ही तुम्हारे शत्रु हैं, जिन्होंने तुम्हें बैबिलोन से भगा दिया है।” हाँ ऐसा ही था।

मैंने एक आदमी की तरह अपनी जमीन पर खड़े होने से इनकार क्यों किया था? मैंने अपनी पत्नी को उसके पिता के पास वापस जाने की अनुमति क्यों दी?

“फिर मुझे एक अजीब अनुभव हुआ। सारी दुनिया एक अलग रंग की लग रही थी जैसे कि मैं इसे एक रंगीन पत्थर के माध्यम से देख रहा था जिसे अचानक हटा दिया गया था। आखिरकार मैंने जीवन में सच्चे मूल्यों को देखा।”

रेगिस्तान में मर जाऊँ! कभी नहीं!” एक नई दृष्टि के साथ, मैंने उन चीज़ों को देखा जो मुझे करनी चाहिए थी।

सबसे पहले मैं बैबिलोन जाऊंगा, और उन सब लोगों से मिलूंगा, जिनका मुझे कर्ज़ा चुकाना है। मैं उन्हें बताऊँगा कि सालों तक भटकने और दुर्भाग्य को सहने के बाद, मैं उनका कर्ज़ा चुकाने के लिए आया हूँ और भगवान की अनुमति मिलते ही मैं उनका सारा कर्ज़ जल्द ही चुका दूंगा। उसके बाद मुझे अपनी पत्नी के लिए एक घर बनाना चाहिए और एक ऐसा नागरिक बनना चाहिए जिस पर मेरे माता-पिता को गर्व कर सकें।

“मेरे कर्ज़ मेरे शत्रु थे, लेकिन जिन लोगों से मैंने कर्ज़ लिया था, वे मेरे दोस्त थे, और इसलिए उन्होंने मुझ पर भरोसा किया था।”

“मैं अपने कमजोर पैरों पर लड़खड़ाते हुए खड़ा हो गया। भूख क्या मायने रखती थी? प्यास क्या मायने रखती थी? वे तो बस बैबिलोन के रास्ते में आने वाली रुकावटें थी। मेरे भीतर एक स्वतंत्र व्यक्ति की आत्मा अपने शत्रुओं पर विजय पाने और अपने दोस्तों को पुरस्कृत करने के लिए वापस जा रही थी। मैं महान संकल्प के साथ रोमांचित था।”

“अब मेरी रूखी आवाज में एक नया जोश था, जिसे सुनकर मेरे ऊंटों की आँखों में भी चमक आ गई। बहुत प्रयास के बाद, उन्होंने अपने पैर ज़मीन पर जमा लिए थे। दयनीय दृढ़ता के साथ, वे उत्तर दिशा की ओर चलते रहे। जहां चलते हुए मेरी अंतरात्मा से आवाज़ आ रही थी कि हम बैबिलोन को खोज लेंगे।”

आगे चलते हुए, हमें पानी मिल गया। अब हम एक अधिक उपजाऊ देश में से गुजर रहे थे जहाँ घास और फल थे। हमें बैबिलोन का रास्ता मिल गया क्योंकि एक

स्वतंत्र व्यक्ति की आत्मा जीवन को ऐसी समस्याओं की एक श्रृंखला के रूप में देखती है जिन्हें हल किया जा सकता है और उन्हें हल कर भी लेती है, जबकि एक गुलाम की आत्मा विलाप करती रहती है, 'मैं तो गुलाम हूँ, मैं क्या कर सकता हूँ?'

"तुम्हारा क्या हाल है, तरकाद? क्या तुम्हारे खाली पेट ने भी तुम्हारे दिमाग़ को स्पष्ट किया? कौशल हमें उस सड़क पर चलने के लिए तैयार करता है, जो आत्म सम्मान की ओर ले जाती है? क्या तुम दुनिया को उसके असली रंग में देख सकते हो? क्या तुम अपने कर्ज़ों का ईमानदारी से भुगतान करने की इच्छा रखते हो, फिर चाहे वे कितने ही क्यों न हों, उनको चुका कर तुम एक बार फिर बैबिलोन में प्रतिष्ठित व्यक्ति बन सकते हों?"

युवक की आंखों में नमी आ गई। वह उत्सुकता से घुटनों के बल खड़ा हो गया। "आपने मुझे एक राह दिखाई है; पहले से ही मुझे लगता है कि मेरे अंदर एक स्वतंत्र व्यक्ति की आत्मा उमड़ती है।"

एक दिलचस्पी रखने वाले श्रोता ने सवाल पूछा, "लेकिन आपके लौटने पर आपका कैसा स्वागत हुआ?"

दबासिर ने उत्तर दिया, "जहाँ दृढ़ संकल्प होता है, वहाँ राह मिल ही जाती है। मेरे पास अब दृढ़ संकल्प था इसलिए मैं एक रास्ता खोजने के लिए निकल पड़ा। पहले मैंने हर उस व्यक्ति से मुलाकात की, जिनका मैं कर्जदार था और जब तक कि मैंने उनका कर्ज़ा चुकाने के लिए पैसा नहीं कमाया, तब तक उनसे रिआयत की भीख मांगी। उनमें से अधिकांश मुझसे ख़ुशी-ख़ुशी मिले। कई ने मेरी निंदा की लेकिन दूसरों ने मेरी मदद करने की पेशकश की; एक ने वास्तव में मुझे वह सहायता दी जिसकी मुझे आवश्यकता थी। यह सोना ऋणदाता मैथन था। यह जानकर कि मैं सीरिया में एक ऊंट निविदा था; उसने मुझे पुराने ऊंट व्यापारी ने बातुर के पास भेजा, जिसे अभी-अभी कमीशन किया गया था हमारे अच्छे राजा ने महान अभियान के लिए ऊंटों के कई झुंड खरीदे थे। उनके साथ, ऊंटों के अपने ज्ञान का मैंने अच्छा उपयोग किया। धीरे-धीरे मैं एक-एक ताँबे और चांदी के हर सिक्के को चुकाने में सक्षम हो गया। फिर अंत में मैं अपना सिर उठा कर जी सका और यह महसूस करा कि मैं पुरुषों के बीच एक सम्मानित व्यक्ति था।"

दबासिर ने फिर अपने भोजन की ओर रुख किया। उसने ज़ोर से आवाज़ देते हुए कहा, "आलसी कौस्कर, खाना ठंडा है। मेरे लिए ताजा भुना हुआ मांस लेकर आओ। मेरे पुराने दोस्त के बेटे तरकादके लिए भी एक बड़ा हिस्सा लाओ, जो भूखा है और मेरे साथ भोजन करेगा।"

इस प्रकार पुराने बैबिलोन के ऊँट व्यापारी दबासिर की कहानी खत्म हुई। उन्होंने अपनी आत्मा को तब पाया जब उन्होंने एक महान सत्य का एहसास किया, एक ऐसा सत्य जो उनके समय से बहुत पहले से ही ज्ञानियों द्वारा जाना और इस्तेमाल किया गया था।

इसने सभी उम्र के पुरुषों को कठिनाइयों से बाहर निकाला है और सफलता की ओर अग्रसर किया और यह उन लोगों के लिए ऐसा करना जारी रखेगा जिनके पास इसकी जादुई शक्ति को समझने की बुद्धि है। यह उन सब भी व्यक्तियों के लिए है जो इन पंक्तियों को पढ़ता है।

जहां दृढ़ संकल्प होता है,
वहाँ राह मिल ही जाती है।

बैबिलोन के मिट्टी की पट्टियाँ

सेंट स्विटिंस कॉलेज

नॉटिंघम विश्वविद्यालय
न्यूआर्क-ऑन-ट्रेंट
नॉटिंघम

प्रोफेसर फ्रैंकलिन काल्डवेल,

केयर ऑफ ब्रिटिश साईंटिफ़िक एक्सपीडिशज,

हिल्लाह, मेसोपोटामिया।

21 अक्टूबर, 1934

प्रिय प्रोफेसर,

बैबिलोन के खंडहरों में आपकी हाल की खुदाई से मिली मिट्टी की पाँच तख्तियाँ उसी नाव पर आपके पत्र के साथ पहुँच गई हैं। मैं अंत तक उनको पढ़कर मंत्रमुग्ध हो गया, और उनके शिलालेखों का अनुवाद करने में मैंने कई सुखद घंटे बिताए हैं। मुझे आपके पत्र का उत्तर तुरंत देना चाहिए था लेकिन मैंने जानबूझ कर देरी की क्योंकि अनुवाद का काम पूरा करने के बाद ही मैं आपको पत्र लिखना चाहता था।

पट्टियाँ बिना किसी नुकसान के सुरक्षित पहुंचाए गई हैं, आपके द्वारा की गई सावधानीपूर्वक उत्कृष्ट पैकिंग और संरक्षक के उपयोग के लिए आपको धन्यवाद देता हूँ।

इन पट्टियों पर लिखी गई कहानियों से आप भी उतने ही चकित हो जाओगे जितने हम प्रयोगशाला में हुए हैं। दूर और धुंधले अतीत से हम रोमांस और रोमांच की बातों की उम्मीद करते हैं। “अरेबियन नाइट्स” जैसी चीज़ें, आप जानते हैं। परंतु इसके बजाय यह अपने कर्ज़ का भुगतान करने के लिए दबासिर नाम के एक व्यक्ति की समस्या का खुलासा करती हैं। इनको पढ़कर कोई भी यह महसूस कर सकता है कि इस दुनिया की स्थितिपांच हजार वर्षों में उतनी नहीं बदली हैं जितनी की हम सोचते हैं।

यह अजीब है, आप जानते हैं, लेकिन ये पुराने शिलालेख मुझे उत्साहितकरतेहैं। एक कॉलेज के प्रोफेसर होने के नाते, मुझे अधिकांश विषयों का कार्यसाधक ज्ञान रखने वाला एक विचारशील इंसान माना जाता है।

परंतु, बैबिलोन के धूल से ढके इन खंडहरों से यह आदमी एक ऐसा रास्ता पेश करता है जिसके बारे में मैंने कभी अपने कर्ज़े का भुगतान करने के लिए नहीं सुना था और जिसके साथ ही साथ अपने पर्स में सोना भी प्राप्त कर सकता था।

सुखद विचार, मैं कहता हूँ, और यह साबित करने के लिए दिलचस्प है कि क्या यह आज के समय में भी उतना ही काम करेगा जितना पुराने बैबिलोन में करता था। श्रीमती श्रुस्बरीऔर मैं अपने स्वयं के मामलों पर उनकी योजना को आज़माने की योजना बना रहे हैं जिससे हम अपनी आर्थिक स्थिति सुधार सकें।

आपके सफल अभियान के लिए आपको शुभकामनाएं। मैं आपकी सहायता करने के लिए एक और अवसर का बेसब्री से इंतजार कर रहा हूँ।

आपका

– अल्फ्रेड एच.श्रुस्बरी,
पुरातत्व विभाग।

पट्टी संख्या 1

आज पुर्णिमा की रात, मैंदबासिर, जो हाल ही में सीरिया में गुलामी की ज़िन्दगी बिताने के बाद अपने शहर लौटा हूँ, इस दृढ़ संकल्प के साथ कि मैं अपने सारे पुराने कर्ज़ों को चुकाकर, अपने पैतृक शहर बैबिलोन में एक योग्य सम्मानित व्यक्ति बनूँगा। मेरी उच्च इच्छाओं को पूरा करने में मेरा मार्गदर्शन और मेरी सहायता करने के लिए यहाँ मिट्टी पर अपने मामलों का एक स्थायी रिकॉर्ड लिख रहा हूँ।

मेरे अच्छे दोस्त मैथन (स्वर्णऋणदाता) की बुद्धिमान सलाह के तहत, मैंने एक सटीक योजना का पालन करने का दृढ़ संकल्प कर लिया है, वह कहता है कि यह योजना किसी भी सम्माननीय व्यक्ति को कर्ज़ से छुटकारा दिलाकर, उन्हें संतुष्टि और उनका खोया हुआ आत्म सम्मान वापस दिला सकती है।

इस योजना में तीन उद्देश्य शामिल हैं जिनको मैं हासिल करना चाहता हूँ।

सबसे पहली योजना, मेरी भविष्य की समृद्धि को सुनिश्चित करती है।

इसलिए जो कुछ भी मैं कमाऊंगा उसका दसवां हिस्सा अपने लिए अलग रखूँगा। क्योंकि मैथन ने बुद्धिमानी के साथ कहा था:

"वह व्यक्ति जो अपने पर्स में सोने और चाँदी दोनों के सिक्के रखता है जिसे उसे खर्च करने की आवश्यकता नहीं है, वह अपने परिवार के लिए लाभदायक है और अपने राजा के प्रति वफादार है।"

"जिस व्यक्ति के पर्स में केवल कुछ ही ताँबे के सिक्के होते हैं, वह अपने परिवार के और अपने राजा के लिए साधारण होता है।"

"परन्तु जिस के पर्स में कुछ भी न हो, वह अपने परिवार के प्रति निर्दयी है, और अपके राजा के प्रति विश्वासघाती है, क्योंकि उसका खुद का मन कड़वा होता है।"

"इसलिए, जो व्यक्ति सफलता प्राप्त करना चाहता है उसके पर्स में हमेशा सिक्के बजते रहने चाहिए, जिससे उसके दिल में अपने परिवार के प्रति प्यार और अपने राजा के प्रति वफादारी बनी रहे।"

दूसरीयोजना यह सुनिश्चित करती है कि मैं अपनी प्यारी पत्नी का ख्याल रखूँगा और उसके लिए नए वस्त्र ख़रीदूँगा जो अपने पिता के घर से वफादारी के साथ मेरे पास लौट आई है। मैथन का कहना है कि एक वफादार पत्नी की अच्छी देखभाल करने से एक आदमी के दिल में आत्म-सम्मान की वृद्धि होती है और उसके उद्देश्यों को पूरा करने के लिए उसे ताकत मिलती है और दृढ़ संकल्प अधिक मज़बूत हो जाता है।

इसलिए अपनी कमाई का सत्तर प्रतिशत हिस्सा घर, कपड़ों, भोजन और बाकी के अन्य खर्चों के लिए इस्तेमाल करूंगा, ताकि हमारे जीवन में मज़े और आनंद की कमी न हो। लेकिन वह आगे सावधान करते हुए कहते हैं कि हमें इन योग्य उद्देश्यों को पूरा करने के लिए अपनी कमाई का सत्तर प्रतिशत से ज़्यादा हिस्सा खर्च नहीं करना है। इसी में योजना की सफलता निहित है।

मुझे अपनी कमाई के इस सत्तर प्रतिशत को ही खर्च करके अपना गुजारा करना चाहिए और कभी भी इससे अधिकउपयोग नहीं करना चाहिए और न ही वह चीज़ें खरीदनी चाहिए जिसका भुगतान मैं इस हिस्से से न कर पाऊँ।

पट्टी संख्या 2

तीसरी योजना यह सुनिश्चित करती है कि मेरी कमाई में से मेरे कर्ज का भुगतान किया जाएगा। इसलिए हर पुर्णिमा को, मैंने महीने में जो कुछ भी कमाया है, उसका बीस प्रतिशत हिस्सा समान और निष्पक्ष रूप से उन लोगों में विभाजित किया जाएगा जिन्होंने मुझ पर भरोसा किया है और जिनका मैं कर्जदार हूँ। इस प्रकार समय से मेरा सारा कर्ज़ निश्चित रूप से चुका दिया जाएगा।

इसलिए, मैं यहाँ हर उस व्यक्ति का नाम लिख रहा हूँ जिसका मैं कर्जदार हूँ और साथ में उनसे कर्ज़ के रूप में ली गई राशि भी लिख रहा हूँ।

फहरू, कपड़ा बुनकर, 2 चांदी के सिक्के , 6 ताँबे के सिक्के।

सिंजर, बड़ई, 1 चाँदी का सिक्का।

अहमर, मेरा दोस्त, 3 चांदी के सिक्के, 1 ताँबे का सिक्का।

ज़ंकार, मेरा दोस्त, 4 चाँदी के सिक्के, 7 ताँबे के सिक्के।

अस्कामिर, मेरा दोस्त, 1 चांदी का सिक्का, 3 ताँबे के सिक्के।

हरिनसिर, आभूषण बनाने वाला, 6 सिल्वर के सिक्के, 2 ताँबे के सिक्के।

डायरबेकर, मेरे पिता के मित्र, 4 चांदी के सिक्के, 1 ताँबे का सिक्का।

अल्काहद, मकान मालिक, 14 चांदी के सिक्के।

मैथन, स्वर्ण ऋणदाता, 9 चाँदी के सिक्के।

बिरेजिक, किसान, 1 चांदी का सिक्का, 7 ताँबे के सिक्के।

(यहाँ से पट्टियाँ विघटित थी। पढ़ी नहीं जा सकी।)

पट्टी संख्या 3

इन लेनदारों को मुझे कुल एक सौ उन्नीस चाँदी के सिक्के और एक सौ इकतालीस ताँबे के सिक्के चुकाने थे। क्योंकि मुझे इन रकमों का भुगतान करना था और इन्हें चुकाने का कोई रास्ता नहीं देख रहा था, इस कारण अपनी मूर्खता में मैंने अपनी पत्नी को उसके पिता के पास लौटने की अनुमति दी और मैं अपने पैतृक शहर को छोड़कर कहीं और आसान तरीके से धन कमाने की तलाश में निकाल गया। जहां मुझे संकटों का सामना पड़ा और खुद को गुलामी के पतन में बिका हुआ पाया।

अब जब मैथन ने मुझे बताया कि मैं अपनी कमाई की छोटी रकम में अपने कर्ज़ कैसे चुका सकता हूँ, तो मुझे महसूस हुआ कि अपने फिजूलखर्ची के परिणामों से दूर भागने का मेरा फैसला कितना मूर्खतापूर्ण था। इसलिए मैंने अपने लेनदारों से मिलकर उन्हें समझाया है कि मेरे पास कमाने की क्षमता के अलावा भुगतान करने के लिए अन्य कोई संसाधन नहीं है, और मैं अपनी कमाई का बीसवाँ हिस्सा अपनी कर्ज़दारी पर समान रूप से और ईमानदारी से लागू करने का इरादा रखता हूँ। मैं भुगतान करने के लिए अपनी कमाई में से इससे ज़्यादा हिस्से का इस्तमाल नहीं कर सकता।

इसलिए यदि वे सब्र रखते हैं, तो मैं समय के साथ का पूरा भुगतान चुका दूंगा।

अहमर, जिसे मैं अपना सबसे अच्छा दोस्त समझता था, उसने मुझे बुरी तरह गाली दी और मेरा अपमान किया।

किसान, बिरेजिक ने निवेदन किया कि मैं उसे पहले भुगतान कर दूं क्योंकि उसे मदद की सख़्त ज़रूरत है।

घर का मालिक अल्काहद वास्तव में मेरे इस प्रस्ताव से असहमत था और उसने मुझ पर दवाब बनाते हुए कहा कि मैं जल्द ही उसका पूरा कर्ज़ा लौटा दूं नहीं तो वह मेरे लिए मुश्किले खड़ी कर देगा।

बाकी सभी ने स्वेच्छा से मेरे प्रस्ताव को स्वीकार कर लिया। इसलिए मैं अपनी योजना के साथ आगे बढ़ने के लिए पहले से कहीं अधिक दृढ़ हूँ। इस यकीन के साथ कि कर्ज़ का भुगतान करना उनसे बचने की तुलना में ज़्यादा आसान है। भले ही मैं अपने कुछ लेनदारों की ज़रूरतों और मांगों को पूरा नहीं कर पाऊँगा, लेकिन मैं सभी के साथ निष्पक्ष व्यवहार करूंगा।

पट्टी संख्या 4

फिर से पूर्णिमा चाँद निकाल आया है। मैंने खुले दिमाग़ से कड़ी मेहनत की है। मेरी पत्नी ने मेरे लेनदारों को भुगतान करने के मेरे इरादे का समर्थन किया है। हमारे बुद्धिमान दृढ़ संकल्प के कारण, मैंने पिछले पुर्णिमा को, नेबातूर के लिए अच्छे खासे शरीर और मज़बूत पैरों वाले ऊंट खरीदे, जिसके बदले मैंने चांदी के उन्नीस सिक्के कमाए हैं।

अपनी कमाई को मैंने योजना के अनुसार विभाजित किया है। इसका दस प्रतिशत हिस्सा मैंने अपने के लिए अलग रखा है, सत्तर प्रतिशत हिस्सा मैंने अपनी पत्नी और अपने जीवन यापन के लिए रखा है और बीसवें हिस्सेको समान रूप से अपने लेनदारों के बीच बाँट दिया है।

मैंने अहमर को नहीं देखा, लेकिन वह रकम उसकी पत्नी को दे आया। बिरेजिक इतना ख़ुश था कि उसने मेरे हाथ चूम लिए। अकेला बूढ़ा अल्काहद ही चिड़चिड़ाहट से बोला कि मुझे जल्द से जल्द उसका पूरा कर्ज़ा चुका देना चाहिए। जिस पर मैंने जवाब दिया कि अगर मुझे अच्छी तरह से खाना-पीना मिलेगा और दिन-रात चिंता नहीं करूंगा, तो मुझे तेजी से भुगतान करने में मदद मिलेगी। अन्य सभी ने मुझे धन्यवाद दिया और मेरे प्रयासों की प्रशंसा की।

इस प्रकार, एक महीने के अंत में, मैंने कर्ज़े के लगभग चाँदी के चार सिक्के चुका दिए और मेरे पास चांदी के दो सिक्के बचे हैं, जिस पर किसी और का हक़ नहीं है। मुझे लंबे समय के बाद दिल से ख़ुशी मिली है।

फिर से पुर्णिमा आ गई है। इस बार मेरी कड़ी मेहनत के बावजूद मुझे बहुत कम सफलता मिल पाई, इसलिए मैं कुछ ऊँट खरीद पाया हूँ। इन ऊँटो के बदले मैंने चाँदी के केवल ग्यारह सिक्के ही कमाए हैं। फिर भी मेरी पत्नी और मैं योजना पर कायम रहें। हमने कोई नया वस्त्र नहीं खरीदा और फल-सब्जियों के अलावा कुछ नही खाया।

फिर से मैंने उन ग्यारह सिक्कों में से दस प्रतिशत हिस्सा अपने लिए अलग रख दिया, जबकि सत्तर प्रतिशत से अपना गुजारा किया। मुझे आश्चर्य हुआ जब अहमर ने मेरे भुगतान की सराहना की, भले ही वह रकम कम थी। बिरेजिक ने भी ऐसा ही किया। अल्काहद गुस्से में आ गया, लेकिन जब मैंने उससे कहा कि अगर वह यह रकम नहीं लेना चाहता तो मुझे वापस कर सकता है, तब उसने अपना हिस्सा चुपचाप रख लिया। अन्य लोग, पहले की तरह, ख़ुश और संतुष्ट थे।

फिर से चंद्रमा पूर्ण चमक रहा है और इस बार मैं बहुत प्रसन्न हूँ। मैंने ऊँटों के एक अच्छे झुंड को देखा, और कई अच्छे ऊँट खरीद लिए, इसलिए मैंने इस बार बयालीस चाँदी के सिक्कों की कमाई की है। इस पुर्णिमा पर मैंने और मेरी पत्नी ने जूतियाँ और कपड़े ख़रीदे हैं, साथ ही हमने मांस और मुर्गी का अच्छा खाना खाया है।

हमने अपने लेनदारों को चांदी के आठ से अधिक सिक्कों का भुगतान किया है। अल्काहद ने भी इस बार विरोध नहीं किया।

योजना महान है क्योंकि यह हमें कर्ज़ से बाहर निकलने में मदद करती है और हमारे लिए धन की बचत कराती है।

जब से मैंने आखिरी बार इस मिट्टी पर लिखा था, तब से तीन पुर्णिमा निकल चुकी हैं। हर बार मैंने अपनी कमाई का दसवां हिस्सा खुद को दिया। हर बार मेरी अच्छी पत्नी और मैंने सत्तरवें हिस्से से अपना जीवन यापन किया, हालांकि कई बार यह मुश्किल रहा, और हर बार मैंने अपने लेनदारों को कमाई का बीसवाँ हिस्सा कर्ज़े के भुगतान में दिया है।

अब मेरे पर्स में चांदी के इक्कीस सिक्के हैं, जो सिर्फ मेरे हैं। इस वजह से मैं अपना सिर उठा कर चलता हूँ और मुझे अपने दोस्तों के बीच

चलने में गर्व महसूस होता है। मेरी पत्नी घर की अच्छी तरह देखभाल करती है और सज-धज कर रहती है। हम एक साथ रहकर ख़ुश हैं।

यह योजना अनमोल है। क्या इसने एक पूर्व ग़ुलाम को सम्माननीय व्यक्ति नहीं बनाया?

पट्टी संख्या 5

फिर से पुर्णिमा आ गई है और मुझे याद है कि मिट्टी पर लिखते हुए मुझे बहुत समय हो गया है। सच में बारह पुर्णिमा आई और गई। लेकिन इस दिन मैं अपने रिकॉर्ड की उपेक्षा नहीं करूंगा क्योंकि इस दिन मैंने अपना आखिरी कर्ज चुका दिया है।

यह वह दिन है जिस दिन मेरी अच्छी पत्नी और मैंने, हमारे दृढ़ संकल्प के पूरा होने की ख़ुशी में बड़ी दावत के साथ जश्न मनाया।

मेरे लेनदारों के साथ अंतिम मुलाक़ात के दौरान बहुत सी चीज़ें हुईं जो मुझे लंबे समय तक याद रहेंगी। अहमर ने अपने निर्दयी शब्दों के लिए मुझसे क्षमा मांगी और कहा कि वह चाहता है कि हम हमेशा पहले की तरह ही दोस्त बने रहें।

बूढ़ा अल्काहद इतना बुरा नहीं है, क्योंकि उसने कहा, "तुम कभी नरम मिट्टी के टुकड़े की तरह थे जिसको हाथ से दबाया और किसी भी आकार में ढाला जा सकता था, लेकिन अब तुम कांस्य के एक टुकड़े की तरह हो, एक किनारे को पकड़ने में सक्षम। यदि तुम्हें कभी भी चाँदी या सोने के सिक्कों की ज़रूरत पड़े, तो बिना हिचकिचाहट के मेरे पास आ जाना।"

सिर्फ वही अकेला नहीं था जो मुझे उच्च सम्मान दे रहा था। कई अन्य लोगों ने मुझसे सम्मानपूर्वक बातचीत की।

मेरी अच्छी पत्नी ने मुझे उसकी आँखों में एक अलग रोशनी के साथ देखा जो एक व्यक्ति के अंदर आत्मविश्वास भर दे।

आखिरकार, इसी योजना ने मुझे सफलता दिलाई है। इसने मुझे अपने सभी कर्ज़ों का भुगतान करने और अपने पर्स में सोने और चांदी दोनों को जमा करने में सक्षम बनाया है। मैं उस हर एक व्यक्ति को इस योजना के अनुसार चलने की सलाह दूंगा जो अपनी ज़िन्दगी में सफलता हासिल करना चाहते है। वास्तव में अगर यह एक पूर्व ग़ुलाम को अपने कर्ज़ का भुगतान करने में सक्षम बनाता है

और उसके पर्स को सोने से भर सकता है, तो क्या यह किसी भी व्यक्ति को स्वावलंबन बनने में मदद नहीं करेगा? और अभी भी मैंने स्वयं, इस योजना के अनुसार चलना बंद नहीं किया है, क्योंकि मुझे विश्वास है कि यदि मैं इसका आगे पालन करता हूँ तो यह मुझे पुरुषों के बीच समृद्ध बना देगा।

सेंट स्विटिंस कॉलेज

नॉटिंघम विश्वविद्यालय
न्यूआर्क-ऑन-ट्रेंट
नॉटिंघम

प्रोफेसर फ्रैंकलिन काल्डवेल,

केयर ऑफ ब्रिटिश साईंटिफ़िक एक्सपीडिशज,

हिल्लाह, मेसोपोटामिया।

7 नवंबर, 1936

प्रिय प्रोफेसर:

यदि, बैबिलोन के उन खंडहरों में आगे की खुदाई में, आप वहाँ के पूर्व निवासी, दबासिर नामक, एक पुराने ऊंट व्यापारी के भूत से मिलो, तो मुझ पर कृपा करें।उसे बताएं कि उनके द्वारा मिट्टी की उन पट्टियों पर लिखी गई बातों के लिए इंग्लैंड के दो प्रोफेसर आजीवन उनके आभारी रहेंगे।

आपको शायद याद होगा, एक साल पहले मैंने लिखा था कि श्रीमती श्रूस्बरी और मेरा इरादा कर्ज़ से बाहर निकलने के लिए और साथ ही सोने की खनक हो पाने के लिए, उनकी योजना को आजमाने का था।आपने अनुमान लगा लिया होगा, भले ही हमने इसे अपने दोस्तों से दूर रखने की कोशिश की, कि हम अपनी माली हालत की वजह से हताश और बेहद तनाव में थे।

हम सालों से पुराने कर्ज़ों की वजह से बहुत अपमानित हो रहे थे और हमें यह डर भी था कि कुछ व्यापारी लोग मुझे बदनाम न करदें, और मुझे कॉलेज से बाहर न निकाल दिया जाए।हमअपने आय में से जितना भुगतान कर सकते थे, वह हमें किया- लेकिन अपनी आय से अपना खर्चा चला पाना अब मुश्किल होता जा रहा था।इसके अलावा हमें अपनी सारी खरीदारी मजबूरन उन जगहों से करनी पड़ती थी, जहां हमें उधार पर सामान मिल सके, भले ही हमें उसके लिए बढ़े हुए दामों पर सामान खरीदना पड़ता था।

हम एक ऐसे दुष्चक्र में फंस चुके थे जहां चीज़ें बेहतर होने के बजाय बदतर होती जा रही थी।हमारे संघर्ष निराशाजनक होते जा रहे थे। हम कम किराए वाले घर में नहीं जा सकते थे क्योंकि हम पर मकान मालिक का कर्ज़ा था।ऐसा लगने लगा था कि हम अपनी स्थिति को सुधारने के लिए कुछ भी नहीं कर सकते हैं।

फिर, आपके परिचित, बैबिलोन के पुराने ऊंट व्यापारी के जरिए हमें वह योजना दिखाई दी, जिसको अपनाकर हम अपनी इच्छाओं को पूरा कर सकते थे। उनकी इस योजना ने हमें उसके अनुसार चलने के लिए उत्साहित किया। हमने अपने सभी कर्ज़ों की एक सूची बनाई और मैंने वह सूची अपने सभी कर्जदाताओं को दिखाई।

मैंने समझाया कि जिस तरह से चीज़ें चल रही थीं, उन परिस्थितियों में उनका कर्ज़ चुकाना मेरे लिए असंभव था। वे स्वयं आंकड़ों को देखते हुए आसानी से यह बात समझ सकते थे। फिर मैंने समझाया कि मेरे पास पूरा कर्ज़ा चुकाने का एकमात्र तरीका यह है कि मैं अपनी आय की बीस प्रतिशत राशि हर महीने उन सभी लेनदारों में बराबरी से विभाजित कर दूं, और ऐसे मैं लगभग दो साल में उनका पूरा कर्ज़ा चुका दूंगा। इस बीच, उनसे हम नकद देकर सामान खरीदेंगे, जिससे उन्हें नकद खरीद का लाभ भी मिलता रहेगा।

वे लोग वास्तव में काफी सभ्य व्यक्ति थे। हमारा सब्ज़ी वाला, बूढ़ा व्यक्ति बुद्धिमानथा, यह बात उसने इस तरह से बोली कि बाकी लोगों को इस बारे में समझाने में मुझे मदद मिल गई। उस बूढ़े सब्ज़ीवाले ने कहा, "यदि

आप अब से सारा सामान नकदी में खरीदोगे और फिर उसके साथ अपने कर्ज़े का भी कुछ हिस्साभी चुकाटे रहोगे, तो यह बेहतर है, क्योंकि आपने तीन साल में एक भी पैसा नहीं चुकाया है।'' अंत में मैंने उन सभी नामों से एक समझौता सुरक्षित कर लिया, कि जब तक मैं नियमित रूप से अपनी आय का बीस प्रतिशत राशि से उनका कर्ज़ चुकाता रहूँगा, तब तक वे हमें किसी भी तरह से परेशान नहीं करेंगे।

फिर हमने यह योजना बनानी शुरू की कि सत्तर प्रतिशत आय से कैसे गुजारा करना है। हम उस अतिरिक्त दस प्रतिशत को अलग से बचा कर रखने के लिए दृढ़ थे। चांदी और संभवत: सोने के सिक्के बचाने का विचार सबसे आकर्षक था।

यह बदलाव लाने के लिए एक साहसिक कार्य करने जैसा था। अपनी आय की इस सत्तर प्रतिशत राशि में आराम से गुजारा करने के तरीके को जानकर हमें बहुत ख़ुशी मिली। हमने कम किराए का घर लेकर इस काम की शुरुआत की और उचित बचत हासिल करने में कामयाब रहे। इसके बाद हमने अपने मर्ज़ी के मुताबिक ब्रांडेड सामान खरीदना शुरू किया और आखिरी में हम आश्चर्यचकित थे कि कम क़ीमत पर बेहतर गुण का सामान खरीद सकते हैं।

यह एक पत्र के लिए बहुत लंबी कहानी है लेकिन किसी भी तरह उस योजना पर अमल करने में मुश्किल साबित नहीं हुई। हम कामयाब रहे और ख़ुशी-ख़ुशी हमने अपना कर्ज़ा भी चुका दिया। अपने आर्थिक मामलों को इस योजना की मदद से सुलझाना, हमारे लिए बहुत राहत की बात थी, और अब हम अपने पुराने कर्ज़ों के कारण भयभीत भी नहीं थे।

हालांकि मैं आपको उस अतिरिक्त दस प्रतिशत के बारे में बताने के लिए उपेक्षा नहीं करता जो हमने बचत के तौर पर खनकने के लिए अलग रखे थे। खैर, हमने इसे कुछ समय के लिए जमा कर के रखा। अब आप हंसा मत। आप देखिए, वह स्पोर्टी हिस्सा है। यह एक असली मजा है, पैसा जमा करना शुरू कर दे, जो आप खर्च नहीं करना चाहते हैं।

बचत को खर्च करने की तुलना में इसे जमा करके रखने में अधिक आनंद है।

जब हमने मन भरकर उस खनखनाहट का आनंद ले लिया, तो हमने इसके लिए एक अधिक लाभदायक उपयोग खोज लिया। हमने एक निवेश किया जिस पर हमें हर महीने उस दस प्रतिशत का मुनाफा मिलता है। यह हमारे बदलाव का सबसे संतोषजनक हिस्सा साबित हो रहा है। यह पहली चीज़ है जिसका भुगतान हम अपने चेक से सबसे पहले करते हैं।

हमारे निवेश में लगातार वृद्धि हो रही है, यह जानने के बादएक अलग तरह ही संतुष्टि का अनुभव होता है। जब तक हमारे शिक्षण के दिन समाप्त होंगे, तब तक हमारे बचत खाते में एक सुखद राशि जमा हो जाएगी, यह राशि इतनी ज़्यादा होगी कि यह हमारा जीवन भर ध्यान रखेगी।

यह सब मेरे उसी पुराने चेक से मुमकिन हुआ है। विश्वास करना मुश्किल है, फिर भी बिल्कुल सच है। हमारे सारे कर्ज़ धीरे-धीरे चुकाए जा रहे हैं और साथ ही साथ हमारा निवेश भी बढ़ रहा है। इसके अलावा, हम आर्थिक रूप से, पहले से बेहतर होते जा रहे हैं। कौन विश्वास करेगा कि वित्तीय योजना का पालन करने से परिणामों में इतना अंतर हो सकता है।

अगले वर्ष के अंत में, जब हमारे सभी पुराने कर्ज़ों का भुगतान कर दिया जाएगा, उसके बाद हमारे पास निवेश करने के लिए ज़्यादा राशि होगी। उसके अलावा हमारे पास इतनी राशि होगी कि हम कहीं यात्रा पर भी जा सकते हैं।

हम फिर कभी अपने जीवन व्यय को अपनी आय के सत्तर प्रतिशत से अधिक नहीं होने देने के लिए दृढ़ संकल्पित हैं। अब आप समझ सकते हैं कि हम उस पुराने व्यक्ति को अपना व्यक्तिगत धन्यवाद क्यों देना चाहते हैं जिसकी योजना ने हमें हमारे "पृथ्वी पर नर्क वाले जीवन" से बचाया है।

वह जानता था। वह यह सब झेल चुका था। वह चाहता था कि उसके कडवे अनुभवों से दूसरों कोलाभ मिले। यही कारण है कि उसने मिट्टी पर अपना संदेश लिखने में इतना कठिन समय बिताया। उनके पास अपनी तरह पीड़ित लोगों के लिए एक वास्तविक संदेश था। यह संदेश इतना महत्वपूर्ण है

कि पांच हजार साल बाद भी बैबिलोन के खण्डहरों में से उठ खड़ा हुआ है, और यह आज भी उतना ही सच्चा और उतना ही महत्वपूर्ण हैजितना कि यह उस दिन था, जिस दिन इसे दफनाया गया था।

आपका,

–अल्फ्रेड एच. श्रुस्बरी,
पुरातत्व विभाग।

बैबिलोन का सबसे भाग्यशाली आदमी

बैबिलोन का व्यापारी राजकुमार शारु नादा, गर्व से घोड़े पर सवार होकर अपने कारवां का नेतृव कर रहा था। उसे अच्छे वस्त्र पसंद थे इसलिए महंगी पोशाके पहनता था। उसे अच्छे जानवर पसंद थे; इसलिए वह अपने फुर्तीले अरबी घोड़े पर आसानी से सवारी करता था। उसे देखकर शायद ही किसीने उसके बुढ़ापे का अनुमान लगाया होगा। निश्चय ही लोगों को इस बात का संदेह नहीं होगा कि वह अंदर से परेशान था।

दमिश्क से वापसी की यात्रा लंबी है और रेगिस्तान में कई कठिनाइयाँ का सामना करना पड़ता हैं। उसने इन सब की परवाह नहीं की।

अरब कबीले उग्र हैं और हमेशा अमीर कारवां को लूटने की ताक में रहते हैं। इनसे उसे कोई डर नहीं था, क्योंकि उसके साथ कारवां की सुरक्षा के लिए घुड़सवार रक्षकों का एक बड़ा समूह था।

उसके साथ एक युवक था, जिसे वह दमिश्क से लेकर आ रहा था, उसी वजह से वह परेशान था। वह युवक उसके पुराने साथी अराद गुला का पोता हदन गुला था। अराद गुलाके उसके ऊपर बहुत एहसान थे, जिसे वह कभी चुका नहीं सकता था। वह अराद के पोते के लिए कुछ करना चाहता था, लेकिन जितना अधिक उसने इस पर विचार किया, उस युवक के कारण, यह काम उसेउतना ही मुश्किल लग रहा था।

युवक की अंगूठियों और झुमके को देखते हुए, शारु ने मन ही मन सोचा, "इस युवक को लगता है कि गहने पुरुषों के लिए हैं, मगर उसके पास अपने दादा का मजबूत चेहरा है। लेकिन उसके दादा ने ऐसे भड़कीले वस्त्र कभी नहीं पहने। फिर भी, मैं इसको अपने साथ ले आया हूँ, मुझे उम्मीद है कि मैं इसकी कोई मदद कर सकता हूँ, जिससे

अपने लिए यह किसी नए काम की शुरुआत करे, और उस दलदल में से निकल जाए जो उसके पिता ने विरासत में मिले धन से बनाया है।"

हदन गुला ने उसके विचारों को तोड़ दिया, "आप इतनी मेहनत क्यों करते हैं, हमेशा अपने कारवां के साथ लंबी यात्रा पर क्यों जाते हैं? आप जीवन का आनंद लेने के लिए कभी समय क्यों नहीं निकालते?"

शारु नादा मुस्कुराया। "जीवन का आनंद?" उसने दोहराया। "यदि तुम शारु नादा की जगह होते, तो तुम जीवन का आनंद लेने के लिए क्या करोगे?"

"अगर मेरे पास तुम्हारे बराबर धन होता, तो मैं एक राजकुमार की तरह रहता। कभी भी गर्म रेगिस्तान में मैं यात्रा नहीं करता। मेरे पर्स में पैसे जितनी तेजी से आते मैं उतनी ही तेज़ी से उन्हें खर्च करता। मैं सबसे महँगे वस्त्र और सबसे दुर्लभ गहने पहनता। वह मेरी पसंद का जीवन होता, जीने लायक जीवन।" दोनों आदमी हँसने लगे।

"तुम्हारे दादाजी कोई आभूषण नहीं पहनते थे।" शारु नादा कुछ सोचने से पहले बोला, फिर मज़ाक में कहा, "क्या तुमने कभी कोई काम नहीं किया?"

"काम तो गुलाम करते हैं, " हदन गुला ने जवाब दिया।

शारु नादा ने अपने होंठ काटे लेकिन कोई जवाब नहीं दिया, शांति से यात्रा करते रहे जब तक कि पगडंडी उन्हें ढलान तक नहीं ले गई।

यहाँ शारु ने अपने घोड़े पर लगाम लगाई और दूर हरी घाटी की ओर इशारा करते हुए कहा, "देखो, वहाँ घाटी है। दूर तक देखो और तुम्हें वहाँ धुंधली-धुंधली बैबिलोन की दीवारें नज़र आएंगी। वह मीनार बेल का मंदिर है। यदि तुम्हारी आँखें तेज हैं तो तुम्हें उसकी शिखा पर अनन्त ज्योति का धुआँभी दिखेगा।"

हदन गुला ने टिप्पणी की, "तो वह बैबिलोन है? मैं हमेशा दुनिया का सबसे धनी शहर देखने की लालसा रखता था।"

"बैबिलोन, जहां मेरे दादाजी ने अपना भाग्य शुरू किया था। वह अभी भी जीवित होते, तो हमारी आर्थिक स्थिति इतनी दयनीय नहीं होती।"

"तुम यह क्यों चाहते हो कि उनकी आत्मा पृथ्वी पर अपने निर्धारित समय से अधिक रहती? तुम और तुम्हारे पिता भी तो उनके नक्शे कदम पर चलकर उनकी तरह काम कर सकते हो।"

"काश, हम में से कोई ऐसा कर सकता। पिताजी और मैं धन को आकर्षित करने का रहस्य नहीं जानते।"

शारू नादा ने कोई उत्तर नहीं दिया लेकिन अपने घोड़े पर लगाम लगा दी और सोच-समझकर घाटी की ओर चल पड़े। उनके पीछे लाल धूल का एक बादल, कारवां का पीछा करता हुआ उड़ रहा था। कुछ समय बाद वे किंग्स हाईवे पर पहुँचे और सिंचित खेतों के रास्ते दक्षिण की ओर मुड़ गए।

एक खेत की जुताई कर रहे तीन बूढ़ों ने शारू नादा का ध्यान खींचा। वे उसे अनोखे ढंग से परिचित लग रहे थे।

बेहद अजीब बात है! चालीस वर्ष के बाद आप किसी खेत के पास से गुजर रहे हो और वही पुराने आदमी वहाँ खेत जोतते हुए मिलें। फिर भी, उसकी अंतरात्मा ने कहा कि वे वही थे। एक ने कमजोर पकड़ के साथ हल को थाम रखा था। अन्य लोग श्रमसाध्य रूप से बैलों के बगल में चल रहे थे, निष्प्रभावी रूप से उन्हें खींचने के लिए अपने बैरल की डंडों से पीटते रहे।

चालीस साल पहले उसने इन आदमियों से ईर्ष्या की थी! उसे उस समय कितनी ख़ुशी हुई होती अगर वह उनके साथ अपने जीवन की अदला-बदली करता! लेकिन अब क्या फर्क पड़ता है। उसने गर्व के साथ पीछे मुड़कर अपने पीछे चल रहे कारवां, अच्छे चुने हुए ऊँटों और गधों को देखा, जो दमिश्क के बहुमूल्य सामानों से लदे हुए थे। यह सब उसकी संपत्ति का एक हिस्सा था।

उसने हल चलाने वालों की ओर इशारा करते हुए कहा, “अभी भी वे वही खेत जोत रहे हैं जिसे वे चालीस साल पहले जोत रहे थे।”

“ऐसा दिख तो रहा है, लेकिन आपको क्यों लग रहा हैं कि वे वही लोग हैं?”

“मैंने उन्हें वहाँ पहले भी देखा है,” शारू नाड़ा ने उत्तर दिया। उसके दिमाग़ में यादें तेजी से दौड़ रही थीं।

वह अतीत को दफनाकर वर्तमान में क्यों नहीं जी सका? फिर उसके मन में अराद गुला का मुस्कुराता हुआ चेहरा उभर आया। उसके और उसके साथ चल रहे निंदक युवक के बीच की बाधा तत्काल खत्म हो गई।

लेकिन वह इस घमंडी युवा की मदद कैसे कर सकता था, जिसके दिमाग़ में ख़र्चीले विचार थे और हाथ हाथ दुर्लभ गहनों से भरे पड़े थे?

वह काम करने के लिए इच्छुक श्रमिकों को भरपूर मात्रा में काम दे सकता था, लेकिन उन पुरुषों के लिए उसके पास कोई काम नहीं था जो काम करने को तुच्छता भरी दृष्टि से देखते थे और खुद को श्रेष्ठ मानते थे। मगर वह अराद गुला के लिए दिल से

कुछ करना चाहता था, न कि आधे-अधूरे प्रयास से। उसने और अराद गुला ने कभी भी आधे-अधूरे काम नहीं किए थे। वे उस तरह के आदमी नहीं थे।

पलक झपकते ही उसके दिमाग़ में एक योजना आई। उसमें आपत्तियां थीं। उसने अपने परिवार और अपनी प्रतिष्ठा के बारे में सोचा। यह क्रूर होगा; यह नुकसान भी पहुंचा सकता है। त्वरित निर्णय लेने वाले व्यक्ति होने के नाते, उन्होंने आपत्तियों को दरकिनार कर दिया और कार्य करने का निर्णय लिया।

शारु नादा ने उससे सवाल करते हुए पूछा, "क्या तुम यह जानना चाहोगे कि तुम्हारे योग्य दादा और मैं कैसे उस साझेदारी में शामिल हुए जो इतनी लाभदायक साबित हुई?"

युवक ने कहा, "क्यों नहीं केवल मुझे बताएं कि आपने सोने के शेकेल कैसे बनाए? मुझे बस इतना ही जानना है।"

शारु नादा ने उसके सवाल को नज़रअंदाज कर दिया और आगे कहा, हम इन हल चलाने वाले लोगों से शुरू करते हैं। मैं लगभग तब तुम्हारी उम्र का था। जैसे ही पुरुषों की कतार में मैंने चलना शुरू किया, बूढ़े मेगिद्दो, किसान ने फिसलन वाले रास्ते का उपहास उड़ाया, जिसमें उन्होंने हल चलाया था। मगिद्दो मेरे बगल में जंजीर से जकड़ा हुआ था। उसने कहा, "आलसी लोगों को देखो, हल पकड़ने वाला गहरी जुताई के लिए कोई प्रयास नहीं कर रहा, न ही बैलों को चलाने वाले बैलों को सही मार्ग पर रख पा रहे हैं। इस तरह खराब जुताई के साथ वे लोग अच्छी फसल की उम्मीद कैसे कर सकते हैं?"

हदन गुला ने आश्चर्य से पूछा, "आपने क्या कहा कि मगिद्दो और आपको जंजीर से जकड़ा हुआ था?"

"हां, हमारे गले में कांस्य के पट्टे बंधे हुए थे और हम लोगों के बीच भारी लंबी जंजीर थी। उसके बगल में भेड़ चोर जैबेदो था, मैं उससे हारून में मिला था। अंत में एक आदमी था, जिसे हम समुद्री डाकू कहते थे, क्योंकि उसने हमें अपना नाम नहीं बताया था। हमने उसे एक नाविक के रूप में आंका क्योंकि उसने नाविक की तरह अपनी छाती पर टैटू गुदवाए थे। हमें जंजीर से इस तरह बांधा हुआ था, जिससे कि चार लोग एक साथ चल सकें।"

हदन गुला ने अविश्वसनीय रूप से पूछा, "आपको गुलाम की तरह जंजीर में जकड़ा गया था?"

"क्या तुम्हारे दादा ने तुम्हें नहीं बताया था कि मैं कभी गुलाम था?"

"वह अक्सर आपके बारे में बात किया करते थे, लेकिन कभी इसका संकेत नहीं दिया।"

शारू नादा ने उसे घूर कर देखते हुए कहा, "वह एक ऐसे व्यक्ति थे जिन्हें तुम अपने गहरे रहस्यभरोसा के साथ बता सकते थे। तुम भी एक ऐसे व्यक्ति हो जिस पर मैं भरोसा कर सकता हूँ, क्या मैं सही नहीं हूँ?"

"आप मुझ पर भरोसा कर सकते हो, मैं किसी को कुछ नहीं बताऊंगा लेकिन मैं हैरान हूँ। मुझे बताएं कि आप गुलाम कैसे बनें?"

शारु नादा ने अपने कंधे उचकाए, "कोई भी आदमी कभी भी गुलाम बन सकता है। यह आपदा मुझ पर जुए और शराब के कारण आई थी। मैं अपने भाई के अविवेक का शिकार हुआ था। एक विवाद में उसने अपने दोस्त को जान से मार डाला। मेरे पिताजी ने मुझे उस मृतक की विधवा के हवाले कर दिया, क्योंकि वह नहीं चाहते थे कि मेरे भाई पर कानून के तहत कोई मुकदमा चले। जब मेरे पिताजी मुझे मुक्त कराने के लिए चांदी का इंतजाम नहीं पाए, तो उसने मुझे गुलाम व्यापारी को बेच दिया।"

हदन गुला ने विरोध करते हुए कहा, "कितनी शर्म और अन्यायकी बात है! लेकिन मुझे बताएं, आपने आज़ादी कैसे हासिल की?"

हम उस मुद्दे पर आएंगे, लेकिन अभी नहीं। अभी हम अपनी कहानी जारी रखते हैं। जैसे ही हम वहाँ से गुजरे, हल जोतने वालों ने हमारा मजाक उड़ाया। एक ने अपनी फटी हुई टोपी को उतारा और झुककर कहा, "बैबिलोन में आपका स्वागत है, राजा के मेहमान। वह शहर की दीवारों पर तुम्हारा इंतज़ार कर रहे हैं, जहां भोज का आयोजन किया हुआ है और भोजन में मिट्टी की ईंटों और प्याज के सूप हैं।" इतना कहकर वे जोर-जोर से हंस पड़े।

"समुद्री डाकू यह सुनते ही आग बबूला हो गया और उन्हें गंदी-गंदी गालियां देने लगा।"

मैंने उससे पूछा, "उन लोगों का ऐसा कहने से का क्या मतलब है कि राजा दीवारों पर हमारी प्रतीक्षा कर रहे हैं?"

उसने कहा, "शहर की दीवारों तक वह तुमसे ईंटों को तब तक ढोवाते है जब तक कि कमर टूट ना जाए। हो सकता है कि वे टूटने से पहले तुम्हें पीट-पीट कर मार दें। वे मुझे नहीं मारेंगे। मैं उन्हें जान से मार दूंगा।"

तब मेगिद्दो ने कहा, "मैं नहीं मानता कि मालिक इच्छुक, मेहनती गुलामों को मौत के घाट उतार देते हैं। मालिक अच्छे गुलामों को पसंद करते हैं और उनके साथ अच्छा व्यवहार करते हैं।"

ज़ैबेदो ने टिप्पणी की, “कौन कड़ी मेहनत करना चाहता है?वे हल चलाने वाले बुद्धिमान लोग हैं।वे अपनी पीठ नहीं तोड़ रहे हैं।यह बस ऐसे ही काम चला रहे हैं।”

मेगिद्दो ने विरोध किया, “आप काम से बचकर जीवन में आगे नहीं बढ़ सकते, यदि आप दिन में एक हेक्टेयर ज़मीन जोतते हैं, तो यह काम है और हर मालिक इसे जानता है।लेकिन जब आप दिन में केवल आधी हेक्टेयर ज़मीन जोतते हैं, तो वहाँ आप काम से बच रहे हो।मैं नहीं कतराता।मुझे काम करना पसंद है और मुझे अच्छा काम करना पसंद है, क्योंकि मैंने यह समझा है कि काम ही आपका सबसे अच्छा दोस्त है।आज मेरे पास जो भी अच्छी चीज़ें हैं, जैसे मेरे खेत, मवेशी, फसल ये सब मैंने काम करके ही पाएँ हैं।”

ज़ैबेदो ने मज़ाक उड़ाते हुए कहा, “हाँ, और अब ये चीज़ें कहाँ हैं? मुझे लगता है कि व्यक्ति को चालाकी से काम करना चाहिए और बिना मेहनत किए आगे बढ़ना चाहिए।तुम देखना, अगर हमें दीवारों पर काम करने के लिए बेचा जाएगा, तो मैं पानी की थैली का या कोई आसान काम ले ले लूँगा, बाकी तुम, जो काम करना पसंद करते हो, ईंटों को ढोकर अपनी पीठ तोड़ रहे होंगे।” वह अपने मूर्खतापूर्ण ढंग से हंसने लगा।

“उस रात डर ने मुझे जकड़ लिया था।मैं सो नहीं सका।मैं गार्ड रस्सी के पास खिसक गया, और जब अन्य लोग सो गए, तो मैंने गोडोसो का ध्यान आकर्षित किया जो वहाँ पहरेदारी कर रहा था।वह उन दुष्ट अरबों में से एक था, जो, तुम्हारा पर्स लूटते समय यह सोचते थे कि उसे तुम्हारा गला भी काटना चाहिए।”

मैंने उससे फुसफुसाते हुए पूछा, “मुझे बताओ, गोडोसो, जब हम बैबिलोन पहुंचेंगे तो क्या हम दीवारों पर काम करने के लिए बेच दिया जाएंगे?”

“तुम यह क्यों जानना चाहते हो?” उसने सावधानी से पूछा।

मैंने याचना की, “क्या तुम यह नहीं समझ सकते?मैं जवान हूँ।मैं जीना चाहता हूँ।मैं दीवारों पर काम करते-करते या पीट-पीट कर मारना नहीं चाहता।क्या मेरे लिए एक अच्छा मालिक पाने का कोई मौका है?”

“वह फिर से फुसफुसाया, ‘मैं कुछ बताता हूँ।तुम अच्छे दोस्त, गोडोसो को परेशान मत करो।ज्यादातर हम सबसे पहले गुलाम बाजार में जाते हैं।अब सुनो।जब खरीदार आए, तो उसने कहो कि तुम अच्छे मेहनती मजदूर हो, अच्छे मालिक के लिए कड़ी मेहनत करना पसंद करते हो।अपनी पूरी कोशिश, जिससे प्रभावित होकर वो तुम्हें खरीद ले।और यदि वह तुम्हें नहीं खरीदते, तो अगले दिन से तुम ईंट उठाओगे, जो सचमुच बहुत मेहनत का काम है।”

"उसके चले जाने के बाद, मैं गर्म रेत में लेटकर, सितारों को देख रहा था और काम के बारे में सोच रहा था।"

मेगिद्दो ने काम को अपना सबसे अच्छा दोस्त बताया था, अब मैं यह सोच रहा था कि क्या वह मेरा भी सबसे अच्छा दोस्त साबित होगा। निश्चित रूप से ऐसा होगा यदि वह मेरी इस संकट से बाहर निकलने में मदद करेगा।

"जब मगिद्दो जागा, तो मैंने उसे धीरे से यह ख़ुशखबरी सुनाई। जब हम बैबिलोन की ओर बढ़े रहे थे, तो यह हमारे लिए एक आशा की एक किरण थी। शाम को जब हम दीवारों के पास पहुँचे और हम वहाँ ऊंचे खड़े विकर्ण रास्ते परकाली चींटियों की तरह पुरुषों की लंबी पंक्तियों को ऊपर और नीचे चढ़ते-उतरते देख रहे थे। जैसे-जैसे हम करीब आते गए, हम काम कर रहे हजारों पुरुषों को देखकर चकित रह गए; कुछ खाई में खुदाई कर रहे थे, अन्य मिट्टी की ईंटों में मिट्टी मिला रहे थे। सबसे बड़ी संख्या में लोग ईंटों को बड़ी टोकरियों में डाल कर उन खड़ी पगडंडियों से राज मिस्त्रियों तक पहुंचा रहे थे।"*

"ठेकेदार सुस्त मजदूरों को गलियाँ दे रहे थे और पंक्ति में न चलने वाले मजदूरों की पीठ पर चाबुक मार रहे थे। गरीब, थके मजदूर को अपने डगमगाते कदमों से भारी टोकरियों के बोझ को लेकर चलते-चलते नीचे गिरते हुए देखा गया, जो फिर से उठने में असमर्थ थे। अगर चाबुक की मार से भी वे उठने में विफल रहते थे, तो उन्हें रास्तों के किनारे धकेल दिया जाता था और वहीं तड़पते हुए छोड़ दिया जाता था। जल्द ही उन्हें सड़क के किनारे अन्य नीच लोगों के पास पहुंचा दिया जाता, जहां अपवित्र कब्रें उनका इंतज़ार कर रही होती थी। जैसे ही मैंने भयानक दृश्य देखा, मेरी रूह कांप गई। तब मैं सोच रहा था कि अगर मैं गुलाम नाज़ार गें बिकने में असफल रहा, तो मेरा भी यही हश्र होने वाला है।"

"गोडोसो सही था। हमें शहर के फाटकों के माध्यम से गुलामों की जेल में ले जाया गया और अगली सुबह बाजार में ले जाकर एक बाड़े में खड़ा कर दियागया। यहाँ

---

* (प्राचीन बैबिलोन की प्रसिद्ध कृतियाँ, इसकी दीवारें, मंदिर, हंगिंग गार्डेन और बड़ी नहरें, गुलामों की मेहनत द्वारा निर्मित की गई थीं। मुख्य रूप से यह गुलाम युद्ध के कैदी होते थे, जो उनके साथ हुए अमानवीय व्यवहार की व्याख्या करता है। कामगारों की इस सेना में बैबिलोन और उसके प्रांत के कई नागरिक भी शामिल थे, जो अपराधों या वित्तीय परेशानियों के कारण गुलामी में बेचे गए थे। पुरुषों के लिए ऋण, कानूनी निर्णय या अन्य दायित्वों के भुगतान की गारंटी के लिए खुद को, अपनी पत्नियों या अपने बच्चों को एक बंधक के रूप में रखना एक आम प्रथा थी। चूक की स्थिति में, जो बंधक होते थे, उन्हें गुलामी में बेच दिया गया था।)

बाकी लोग डरे हुए थे और केवल हमारे गार्ड की चाबुक ही उन्हें हिला पा रही थी, ताकि खरीदार उनकी जांच कर सकें।"

"गुलामों के व्यापारी ने राजा के सैनिकों को बुलाया, जिन्होंने समुद्री डाकू को जंजीरों से बांधा हुआ था और विरोध करने पर उसे बेरहमी से पीटा था। जैसे ही वे उसे दूर ले गए, मुझे उसके लिए अफसोस हुआ।"

"मेगिद्दो ने महसूस किया कि हम जल्द ही एक-दूसरे से अलग हो जाएंगे। जब कोई खरीदार हमारे आस-पास नहीं था, तो उसने मुझसे यह बताने के लिए गंभीरता से बात की कि भविष्य में मेरे लिए काम कितना मूल्यवान साबित होगा: 'कुछ लोग काम से नफरत करते हैं। वे इसे अपना दुश्मन समझते हैं। बेहतर होगा कि हम एक दोस्त की तरह इसके साथ व्यवहार करे, इसे पसंद करो। यह कठिन होगा, इसकी परवाह मत करो। यदि तुम अच्छा घर बनाने कि सोचते हो, तो कौन परवाह करता है कि बीम भारी हैं और पानी ढोने के लिए कुएं दूर है। मुझसे वादा करो, लड़के, अगर तुम्हें यहाँ कोई मालिक मिल जाता है, तो उसके लिए तुम अपनी जी-जान से मेहनत करोगे। अगर वह आपके सभी कार्यों की सराहना नहीं भी करता है, तो कोई बात नहीं। याद रखना अगर काम अच्छी तरह से किया गया होता है, तो वह काम करने वाले आदमी का हमेशा भला करता है, वह उसे एक बेहतर इंसान बनाता है।" वह रुक गया क्योंकि एक मोटा किसान बाड़े में आया और हमें गंभीर रूप से देखने लगा।

"मेगिद्दो ने उससे उसके खेत और फसलों के बारे में पूछा, जल्द ही उसे विश्वास दिलाया कि वह उसके लिए एक मूल्यवान गुलाम साबित होगा। गुलामों के व्यापारी के साथ हिंसक सौदेबाजी के बाद, किसान ने अपने वस्त्र के नीचे से एक मोटा पर्स निकाला, और जल्द ही मेगिद्दो अपने नए मालिक के पीछे-पीछे चल दिया।"

"सुबह के दौरान कुछ अन्य गुलाम बेचे गए थे। दोपहर में गोडोसो ने मुझे बताया कि डीलर चिड़ गया था और अब वह एक और रात नहीं रुकेगा, लेकिन जो कोई भी सूर्यास्त के समय तक बच जाएगा, वह उन्हें राजा के खरीदार के पास ले जाएगा। मैं मायूस हो गया था, लेकिन तभी एक मोटा, नेकदिल आदमी दीवार के पास गया और उसने पूछा कि क्या हमारे बीच कोई बेकर (केक बनाने वाला) है।

मैंने उसके पास जाकर कहा, "आप जैसा एक अच्छा बेकर दूसरे घटिया बेकर की तलाश क्यों कर रहा है? क्या मेरे जैसे इच्छुक व्यक्ति को अपने कुशल तरीके सिखाना आसान नहीं होगा? मुझे देखो, मैं युवा हूँ, मजबूत हूँ और काम करना पसंद करता हूँ। मुझे एक मौका दो, मैं आपके पर्स के लिए सोना-चांदी कमाने की पूरी कोशिश करूंगा।"

“वह मेरी इच्छा से प्रभावित हुआ और उस डीलर के साथ सौदेबाजी करना शुरू कर दिया, जिसने मेरी ओर उससे पहले कभी गौर नहीं किया था, लेकिन अब मेरी क्षमताओं, अच्छे स्वास्थ्य और अच्छे स्वभाव की गुण गा रहा था। मुझे ऐसा लगा जैसे एक कसाई को एक मोटा बैल बेचा जा रहा है। अंत में, जब सौदा पक्का हो गया, तब मैं बहुत ख़ुश हुआ। मैंअपने नए मालिक के पीछे-पीछे चल दिया, यह सोचते हुए कि मैं बैबिलोन का सबसे भाग्यशाली व्यक्ति था।”

“मेरा नया घर मेरी पसंद का था। मेरे मालिकनानानैद, ने मुझे सिखाया कि आंगन में रखे पत्थर के कटोरे में जौ कैसे पीसना है, ओवन में आग कैसे जलानी है और फिर शहद के केक के लिए तिल के आटे को बारीकी से कैसे पीसना है। अनाज के भंडार घर के शेड में मेरा बिस्तर लगा हुआ था। एक बूढ़ी गुलाम हाउसकीपर, स्वस्ति ने मुझे अच्छी तरह से खाना खिलाया और जिस तरह से मैंने भारी कार्यों में उसकी मदद की, उससे वह बहुत ख़ुश हुई।”

“यहाँ वह मौका था, जिससे मैं अपने मालिक के लिए खुद को मूल्यवान बनाने के लिए तरस रहा था और मुझे उम्मीद थी कि मैं अपनी स्वतंत्रता अर्जित करने का एक तरीका ढूंढ लूँगा।”

मैंने नानानैद से कहा कि मुझे सिखाए कि कैसे आटे को गूँथा जाता है और रोटी को कैसे सेंकना जाता है। उसनेमुझे सब सिखाया, और वह मेरी सीखने की इच्छा से बहुत ख़ुश हुआ। बाद में, जब मैं यह सब अच्छी तरह से सीख गया, तो मैंने उनसे कहा कि वह मुझे सिखाए शहद केक कैसे बनाना है, और जल्द ही मैं बेकिंग का सारा काम करने लगा था। मेरे मालिक आलसीबनने पर ख़ुश थे, लेकिन स्वस्ति ने अस्वीकृति में अपना सिर हिलाया, 'कोई भी काम न करना इंसान लिए बुरी बात है, ' उसने घोषणा की।

“मुझे लगा कि मेरे लिए यह सोचने का समय आ गया है कि मैं अपनी स्वतंत्रता खरीदने के लिए सिक्के कैसे कमाना शुरू कर सकता हूँ, चूंकि दोपहर में बेकिंग का काम समाप्त हो जाता था, मैंने सोचा कि अगर मुझे दोपहर के लिए लाभदायक रोजगार मिल जाए और उससे होने वाली कमाई, मैं अपने मालिक के बाँट लूँ, तो नानानैद मंजूरी दे देंगे। तब मेरे मन में यह विचार आया, कि क्यों न अधिक से अधिक शहद के केक बनाकर नगर की सड़कों पर भूखे लोगों को बेचा जाए?”

मैंने नानानैद के सामने अपनी योजना इस तरह प्रस्तुत की: “यदि दोपहर को बेकिंग का काम समाप्त करने के बाद आपके लिए कुछ सिक्के कमा सकूँ, तो क्या आप उस कमाई का कुछ हिस्सा मेरे साथ साझा करना उचित समझेंगे, जिससे कि मेरे

पास भी कुछ पैसे रहे, उन चीज़ों पर खर्च करने के लिए जो हर आदमी चाहता है और जिसकी हर आदमी को ज़रूरत होती है?”

“बहुत अच्छा, बहुत अच्छा, उन्होंने स्वीकार किया। जब मैंने उसे अपनी योजना के बारे में बताया कि मैं शहद के केक को नगर में बेचने की सोच रहा हूँ, तो वह बहुत ख़ुश हुए।”

उसने सुझाव देते हुए कहा, 'यहाँ हम ऐसा करेंगे, तुम उन्हें दो पैसे में बेच देना, फिर आधा पैसा आटा और शहद और लकड़ी के लिए भुगतान करने के लिए मेरा होगा। और बाकी बची आधी कमाई में से मैं आधा ले लूंगा और आधा तुम रखोगे।

“मैं उसकी उदार पेशकश से बहुत ख़ुश था कि मैं अपनी बिक्री का एक चौथाई अपने लिए रख सकता था।”

उस रात मैंने एक ट्रे बनाने के लिए देर तक काम किया जिस पर उन्हें प्रदर्शित किया जा सके। नानानैद ने मुझे अपने पहने हुए वस्त्रों में से वस्त्र दिए ताकि मैं अच्छा दिख सकूं, और स्वस्ति ने उन पुराने वस्त्रों को ठीक करने और साफ करने में मेरी मदद की।

“अगले दिन मैंने ज़्यादा शहद के केक बेक किए। जब मैं उन्हें सड़क पर बेचने के लिए लेकर गया तो वे भूरे और आकर्षक लग रहे थे, फिर मैंने जोर-जोर से अपने माल के बारे में बताने लगा। पहले तो किसी ने दिलचस्पी नहीं दिखाई, और मैं निराश हो गया। लेकिन मैंने हिम्मत नहीं हारी मैं वहाँ डटा रहा, और बाद में दोपहर में जैसे ही लोगों को भूख लगने लगी, केक बिकना शुरू हो गए और जल्द ही मेरी ट्रे खाली हो गई।”

“नानानैद मेरी सफलता से बहुत ख़ुश थे और उन्होंने ख़ुशी-ख़ुशी मुझे अपने हिस्सा दे दिया। मैं पैसे लेकर ख़ुश था। मेगिद्दो सही था, जब उसने कहा कि एक मालिक अपने गुलामों के अच्छे काम की सराहना करता है।”

उस रात मैं अपनी सफलता से इतना उत्साहित था कि मैं मुश्किल से सो सका और यह अनुमान लगाने की कोशिश कर रहा था कि मैं एक साल में कितना कमा सकता हूँ और मुझे अपनी आज़ादी खरीदने में कितने साल लग जाएंगे।

“जब मैं हर दिन केक की ट्रे के साथ बाहर जाने लगा, तो जल्द ही मुझे मेरे नियमित ग्राहक मिल गए। इनमें से एक आपके दादा, अराद गुला भी थे। वह एक कालीन व्यापारी थे और वह शहर के एक छोर से दूसरे छोर जा-जा कर, गृहिणियों को कालीन बेचा करते थे। उनके साथ कालीन से लदा एक गधा और एक काला गुलाम

हुआ करता था जो उसकी देखभाल करता था। वह अपने और अपने गुलाम के लिए दो-दो केक खरीदा करते थे। जब वह केक खा रहे होते थे, तब हमेशा वहाँ रुककर मुझसे बातें करते थे।''

तुम्हारे दादाजी ने एक दिन मुझसे एक ऐसी बात कही, जो मुझे हमेशा याद रहेगी। 'मुझे तुम्हारे केक पसंद हैं, लड़के, लेकिन उससे भी ज़्यादा मुझे तुम्हारी व्यवहार-कुशलता पसंद है जिसके साथ तुम उन्हें पेश करते हो। ऐसी भावना तुम्हें सफलता के पथ पर दूर तक ले जा सकती है।'

''लेकिन तुम कैसे समझ सकते हो, हदन गुला, कि एक गुलाम लड़के के लिए प्रोत्साहन के ऐसे शब्द क्या मायने रखते होंगे, जो एक बड़े शहर में अकेला पूरी ताकत से संघर्ष कर रहा था, ताकि वह अपने गुलामी वाले जीवन से बाहर निकलने का कोई रास्ता खोज सके?''

''गुजरते महीनों के साथ-साथ, मैंने अपने पर्स में पैसे जोड़ना जारी रखा। इससे मेरी बेल्ट में लगे पर्स का वजन बढ़ने लगा। जैसा कि मेगिद्दो ने कहा था, काम मेरा सबसे अच्छा दोस्त साबित हो रहा था। मैं ख़ुश था, लेकिन स्वस्ति चिंतित थी।''

उसने विरोध करते हुए कहा, ''हमारे मालिक, मुझे शक है कि वह अपना अधिकतर समय जुए घर में बिताते हैं।''

''एक दिन सड़क पर, मैं अपने दोस्त मेगिद्दो से मिलकर बहुत ख़ुश हुआ। वह सब्जियों से लदे तीन गधों को बाजार में ले जा रहा था।''

उसने कहा, ''मैं अपना काम बहुत अच्छे से कर रहा हूँ, मेरे मालिक मेरे अच्छे काम की सराहना करते हैं, उन्होंने अब मुझेप्रमुख बना दिया है। देखो, वह मुझ पर सामान बेचने के मागलों गें भी भरोसा करते हैं, और वह मेरे परिवार के लिए भी बुलावा भेज रहे हैं। काम मुझे मेरी बड़ी परेशानी से उबरने में मदद कर रहा है। किसी दिन यह मुझे मेरी आजादी खरीदने में मदद करेगा और एक बार फिर से मैं अपने खेत का मालिक बन जाऊंगा।''

''समय बीतता गया और नानानैद मेरे बाजार से लौटने का बेचैनी से इंतज़ार करने लगा। जब मैं बाजार से वापस लौटता, वह मुझे उत्सुकता से इंतज़ार करता मिलता था, ताकि वह पैसे गिन कर हम दोनों में बाँट ले। वह मुझसे नए बाजारों की तलाश करने और अपनी बिक्री बढ़ाने का भी आग्रह करता था।''

''अक्सर मैं दीवार बनाने वाले गुलामों के ठेकेदारों को भी केक बेचने के लिए शहर के फाटकों के बाहर जाता था। मुझे उस अप्रिय जगह पर वापस जाने से नफरत

थी लेकिन ठेकेदार बड़े उदार खरीदार थे। एक दिन मैं जैबेदो को अपनी टोकरी में ईंट भरने के लिए कतार में इंतजार करते देखकर हैरान था। वह बेहद कमजोर हो गया था, उसकी कमर मुड़ गई थी, और उसकी पीठ ठेकेदारों के चाबुकों की मार से बने घावों से भरी हुई थी। मुझे उसको देखकर दया आ गई और मैंने उसे एक केक दिया, जिसे उसने अपने मुंह में एक भूखे जानवर की तरह कुचल दिया। उसकी आँखों में लालच को देखकर, मैं डर गया और इससे पहले कि वह मेरी ट्रे छीन पाता, मैं वहाँ से भाग गया।”

एक दिन अराद गुला ने मुझसे पूछा, “तुम इतनी मेहनत क्यों करते हो?”

लगभग वही प्रश्न जो तुमने आज मुझसे पूछा था, क्या तुम्हें याद है? मैंने उसे बताया कि मगिद्दो ने काम के बारे में क्या कहा था और काम कैसे मेरा सबसे अच्छा दोस्त साबित हो रहा था। मैंने उन्हें गर्व के साथ अपने पैसे का पर्स दिखाया और बताया कि किस तरह मैं अपनी आजादी खरीदने के लिए उन्हें बचा रहा था।

उन्होंने पूछा, “आज़ाद होने के बाद तुम क्या करोगे?”

फिर मैंने उत्तर दिया, “मैं एक व्यापारी बनने का इरादा रखता हूँ।”

“उस समय, उन्होंने मुझे एक गुप्त बात बताई। ऐसी बात जिसके बारे मैं कभी सोच भी नहीं सकता था। 'तुम नहीं जानते कि मैं भी गुलाम हूँ। मैं अपने मालिक के साथ साझेदारी में हूँ।”

हदन गुला अचानक बोला, “रुको, मैं अपने दादाजी को बदनाम करने वाली कोई भी झूठी बात नहीं सुनूंगा। वह कोई गुलाम नहीं थे।” गुस्से से उसकी आँखें चमक उठीं।

शारु नादा शांत रहे। “दुर्भाग्य से ऊपर उठने और दमिशक के एक प्रमुख नागरिक बनने के लिए, मैं उनका सम्मान करता हूँ। क्या तुम, उनके पोते, उसी सांचे में ढले हो? क्या तुम मर्द हो, जो सच्चे तथ्यों का सामना कर पाए, या क्या तुम झूठे भ्रम में रहना पसंद करते हो?”

हदन गुला सीधा हो गया। गहरी भावना से दबी हुई आवाज में उसने उत्तर दिया, “मेरे दादा सभी के प्रिय थे। उन्होंने अनगिनत अच्छे कर्म किए थे। जब अकाल आया तो क्या उन्होंने मिस्र में अनाज खरीदने के लिए सोना नहीं दिया था और क्या उनका कारवां इसे बांटने के लिए दमिशक नहीं लाया था, ताकि लोग भूखे न रहें? अब आप कहते हैं कि वह तो बैबिलोन में एक तिरस्कृत गुलाम थे।”

शारु नादा ने उत्तर दिया, “यदि वह बैबिलोन में एक गुलाम बने रहते, तो उनका तिरस्कार हो सकता था, लेकिन जब अपने स्वयं के प्रयासों से, वह दमिशक में एक

महान व्यक्ति बन गए, तो देवताओं ने वास्तव में उनके दुर्भाग्य को क्षमा कर दिया और उन्हें सम्मानित किया।"

शारु नादा ने आगे कहा, "मुझे यह बताने के बाद कि वह एक गुलाम थे, उन्होंने बताया कि वह अपनी आज़ादी हासिल करने के लिए कितने बेचैन थे। अब जबकि उनके पास इसे खरीदने के लिए पर्याप्त धन था, लेकिन वह बहुत परेशान भी थे कि उन्हें क्या करना चाहिए। वह अब अच्छी बिक्री नहीं कर पा रहे थे और उन्हें अपने मालिक का सहारा छोड़ने में डर लग रहा था।"

मैंने उनके अनिर्णय का विरोध किया: "अब अपने मालिक से न चिपके रहें। एक बार फिर से एक आज़ाद व्यक्ति बनने की भावना प्राप्त करें। एक आज़ाद व्यक्ति की तरह कार्य करें और उनकी की तरह सफल बनें! तय करें कि आप क्या हासिल करना चाहते हैं और फिर काम आपको इसे प्राप्त करने में सहायता करेगा।" वह यह कहते हुए अपने रास्ते चले गए कि वह ख़ुश है कि मैंने उनकी कायरता के लिए उन्हें लज्जित किया।*

एक दिन मैं फिर से फाटकों के बाहर गया, और वहाँ लगी भीड़ को देखकर आश्चर्यचकित रह गया। जब मैंने एक आदमी से भीड़ का कारण पूछा, तो उसने उत्तर दिया : 'क्या तुमने नहीं सुना? एक भगोड़े गुलाम ने राजा के एक सैनिक की हत्या कर दी थी, उसे पकड़ लिया गया है और आज के दिन उसके अपराध के लिए कोड़े मारकर मार दिया जाएगा। राजा स्वयं यहाँ उपस्थित होंगे।'

"कोड़े मारने की चौकी के पास इतनी भीड़ थी, मुझे डर था कि मैं पास जाऊंगा, तो कहीं मेरे केक खराब न हो जाए। इसलिए, मैं अधूरी दीवार पर चढ़ गया, जहां से लोगों के सिर के ऊपर से वहाँ देख सकूँ। मैं भाग्यशाली था कि मुझे एक दृश्य मिला। नबूकदनेस्सर अपने सुनहरे रथ पर सवार था, मैंने कभी ऐसा भव्यता, ऐसे वस्त्र और सोने के गहने और मखमल के पर्दे नहीं देखे थे।"

"मैं कोड़ों की मार को नहीं देख सकता था, हालांकि मुझे गुलाम की चीखें साफ-साफ सुनाई दे रही थी। मैं हैरान था कि हमारे सुंदर राजा के रूप में एक महान व्यक्ति इस तरह की पीड़ा को कैसे देख सकता है, मगर जब मैंने उसे अपने रईस साथियों के

---

* प्राचीन बैबिलोन में गुलाम प्रथाएं, कानून द्वारा कड़ाई से नियंत्रित थी, हालांकि वे हमें अनुचित लग सकती हैं। उदाहरण के लिए, एक गुलाम किसी भी प्रकार की संपत्ति का मालिक हो सकता है, यहाँ तक कि अन्य गुलामों का भी मालिक बन सकता था, जिन पर उसके मालिक का कोई दावा नहीं था। गुलामों ने गैर-गुलामों के साथ स्वतंत्र रूप से विवाह किया था। स्वतंत्र माताओं के बच्चे स्वतंत्र थे। नगर के अधिकांश व्यापारी गुलाम थे। इनमें से कई अपने मालिक के साथ साझेदारी में थे और धनी भी थे।

साथ हंसी मजाक करते हुए देखा, तो मैं समझ गया वह क्रूर था और यह भी समझ गया कि दीवार बनाने वाले गुलामों से ऐसे अमानवीय काम क्यों कराए जाते हैं।"

"गुलाम के मरने के बाद, उसके शरीर को रस्सी से एक खंभे पर लटका दिया गया था ताकि सभी देख सकें। जैसे-जैसे भीड़ कम होने लगी, मैं उसके पास गया। उसकी बालों वाली छाती पर, मैंनेदो सांपों के टैटू को देखा। यह समुद्री डाकू था, जिसे मैं जानता था।"

अगली बार जब मैं अराद गुला से मिला, तो वह एक बदले हुए आदमी थे। पूरे जोश से उन्होंने मेरा अभिवादन किया: "देखो, जिस गुलाम को तुम जानते थे, वह अब एक स्वतंत्र व्यक्ति बन गया है। तुम्हारी बातों में जादू था। पहले से मेरी बिक्री और मेरा मुनाफा अब बढ़ रहे हैं। मेरी पत्नी बहुत ख़ुश है। वह एक स्वतंत्र महिला थी, और मेरे मालिक की भतीजी थी। अब वह चाहती है कि हम एक अनजाने शहर में चले जाएँ, जहाँ कोई भी आदमी यह नहीं जानता हो कि मैं एक गुलाम था। इस प्रकार हमारे बच्चों को अपने पिता के दुर्भाग्य के लिए निंदा नहीं झेलनी पड़ेगी। काम मेरा अब सबसे अच्छा दोस्त बन गया है। इसने मुझे आत्मविश्वास दिया है और मेरे बेचने के कौशल को बढ़ाया है।"

"मैं इस बात से बहुत ख़ुश था कि उनके द्वारा दिए गए प्रोत्साहन के बदले, मैंने एक छोटा सा ही सही लेकिन कुछ योगदान तो दिया था।"

एक शाम स्वस्ति गहरे संकट में मेरे पास आई : "तुम्हारे मालिक मुसीबत में है। मुझे उनकी चिंता हो रही है कुछ महीने पहले वह जुए की टेबल पर बहुत कुछ हार चुके हैं। वह किसान को उसके अनाज और शहद के लिए भुगतान नहीं कर रहे हैं। वह साहूकार का कर्ज़ भी नहीं चुका रहे हैं। वे सभी गुस्से में हैं और मालिक को धमका रहे हैं।"

मैंने बिना सोचे समझे उत्तर दिया, "हम उसकी मूर्खता की चिंता क्यों करें। हम उसके रखवाले नहीं हैं।"

"मूर्ख युवक, तुम नहीं समझ रहे हो। साहूकार से कर्ज़ लेने के बदले, उन्होंने तुम्हें गिरवी रख दिया था। कानून के तहत वह तुम पर दावा कर सकता है और तुम्हें बेच भी सकता है। मुझे नहीं पता कि मैं क्या करूँ। वह एक अच्छे मालिक हैं। क्यों? उन पर ऐसी मुसीबत क्यों आई?"

स्वस्ति की चिंता निराधार नहीं थी। जब मैं अगली सुबह बेकिंग कर रहा था, तो साहूकार एक आदमी के साथ वहाँ आया, जिसे उसने ससी नाम से पुकारा था। उस आदमी ने मुझे देखा और कहा कि मैं चलूँगा।

साहूकार ने मेरे मालिक के लौटने का भी इंतजार नहीं किया, बल्कि स्वस्ति से कहा कि वह उसे बता दे कि वह मुझे ले गया है। मेरे पास केवल पहने हुए कपड़े और मेरी बेल्ट में सुरक्षित रूप से लटका हुआ पैसों का पर्स था मैं बेकिंग के काम को अधूरा छोड़कर उनके साथ चला गया।

"मेरी आशाएँ उसी तरह तहस-नहस हो गईं, जैसे कोई तूफान जंगल से पेड़ को उखाड़कर उमड़ते हुए समुद्र में फेंक देता है। एक बार फिर से जुए और शराब ने मेरे लिए मुसीबत खड़ी कर दी थी।"

"ससी एक रूखा, मंदबुद्धि आदमी था। जब वह मुझे शहर के पार ले आया, तो मैंने उसे बताया कि मैंने नानानैद के लिए अच्छा काम किया था औरमैं उसके लिए भी अच्छा काम करने की कोशिश करूंगा। उसके जवाब ने कोई प्रोत्साहन नहीं दिया:

"मुझे यह काम पसंद नहीं है। मेरे मालिक को यह पसंद नहीं है। राजा ने मेरे मालिक से कहा है कि वह बड़ी नहर का एक भाग बनाने के लिए मुझे भेज दे। मालिक ने मुझसे और गुलाम खरीदने, कड़ी मेहनत करने और जल्दी काम खत्म करने के लिए कहा है। हे भगवान, कोई आदमी इतने बड़े काम को जल्दी कैसे पूरा कर सकता है?"

"एक ऐसे रेगिस्तान की कल्पना करो जिसमें एक भी पेड़ न हो, बस छोटी-छोटी झाड़ियाँ हों और सूरज इतने तेज़ी से चमक रहा हो कि हमारे बैरल में पानी इतना गर्म हो गया कि हम शायद ही इसे पी सकें। फिर पुरुषों की पंक्तियों की कल्पना करो, जो दिन के उजाले से रात के अंधेरे तक गहरी खुदाई में जा रही हैं और मिट्टी की भारी टोकरियाँधूल भरी पगडंडियों से ऊपर ला रही हैं। खुले कुंडों में परोसे जाने वाले भोजन की कल्पना करो, जिसमें से हम एक साथ सूअरों की तरह खाते थे। हमारे पास न तो टेंट थे, न ही बिस्तर के लिए पुआल। यही वह स्थिति थी जिसमें मैंने खुद को पाया था। एक चिह्नित स्थान के नीचे मैंने अपना पर्सज़मीन में छुपा दिया, और सोच रहा था कि क्या मैं इसे फिर कभी निकाल पाऊँगा।"

"पहले तो मैंने उत्साह इच्छा से काम किया, लेकिन जैसे-जैसे महीने बीतते गए, मुझे लगा कि मेरी आत्मा टूट रही है। फिर गर्मी के बुखार ने मेरे थके हुए शरीर को जकड़ लिया। मेरी भूख कम हो गई और मैं मटन और सब्जियां भी नहीं खा सकता था। रात में मैं सो नहीं पाता था और दुखी होता रहता था।"

"मैं अपने दुखी मन में सोच रहा था कि क्या ज़ैबेदो की काम को टालने वाली योजना ही, अपनी पीठ को टूटने से बचाने के लिए सबसे अच्छी योजना तो नहीं थी। तब मुझे उसके साथ अपनी आखिरी मुलाक़ात की याद आई और मैं समझ गया कि उसकी योजना अच्छी नहीं थी।"

मुझे फिर समुद्री डाकू की याद आई और सोचा कि क्या लड़ना और मारना भी ठीक हो सकता है। लेकिन उसके खून से लथपथ शरीर की स्मृति ने मुझे याद दिलाया कि उसकी योजना भी बेकार थी।

तब मुझे अपनी और मगिद्रो की आखिरी मुलाक़ात याद आई। कड़ी मेहनत से उसके हाथों में छाले पड़े हुए थे, लेकिन उसका मन हल्का था और उसके चेहरे पर ख़ुशी थी। उसकी योजना ही सबसे अच्छी थी।

मैं भी मगिद्रो की तरह काम करने के लिए तैयार था; वह मुझसे ज्यादा मेहनत नहीं कर सकता था। फिर मेरे काम ने मुझे ख़ुशी और सफलता क्यों नहीं दी? क्या मेगिद्रो को ख़ुशी सच में उसके काम ने दी थी, या ख़ुशी और सफलता केवल देवताओं की इच्छा पर निर्भर करती है? क्या मुझे अपनी इच्छाओं को प्राप्त किए बिना, ख़ुशी और सफलता के बिना ही जीवन भर काम करना था? ये सभी प्रश्न मेरे दिमाग़ में घूम रहे थे और मेरे पास कोई जवाब नहीं था। वास्तव में, मैं बहुत उलझन में था। कई दिनों बाद जब मुझे ऐसा लग रहा था कि मैं अपने धीरज के अंतिम चरण में था और मेरे सवालों का अभी भी कोई जवाब नहीं मिल रहा था, तब ससी ने मुझे बुलाया। मेरे मालिक के पास से एक दूत आया था, मुझे अपने साथ मुझे बैबिलोन ले जाने के लिए। मैंने अपना क़ीमती पर्स खोदकर बाहर निकाला, और खुद को अपने वस्त्र के फटे हुए अवशेषों में लपेटकर, उस दूत के साथ चल दिया।

"जैसे ही हम यात्रा के लिए रवाना हुए, वही विचारों के तूफान मेरे दिमाग़ में दौड़ रहे थे। मैं अपने पैतृक शहर हारून के एक गीत के अजीब शब्दों को जी रहा था:

बवंडर की तरह एक आदमी को घेरना,

तूफान की तरह उसे उड़ाते हुए,

जिसकी राह का कोई पीछा नहीं कर सकता,

जिसका भाग्य कोई नहीं बता सकता।

क्या मेरे भाग्य में इस तरह से दंडित किया जाना लिखा था क्योंकि मुझे नहीं पता था कि यह सब क्यों हो रहा था? न जाने अब आगे कौन से नए दुख और निराशाएँ मेरा इंतजार कर रहे हैं?

जब हम अपने मालिक के घर के आंगन में पहुंचे, तो मेरे आश्चर्य की कल्पना करो कि मैंने वहाँ अराद गुला को मेरा इंतजार करते हुए देखा। उन्होंने मेरी नीचे उतरने में मदद की और मुझे एक बिछड़े हुए भाई की तरह अपने गले लगा लिया।

जैसे हम अपने मार्ग पर आगे चलने लगे, मैं उनके पीछे चलने लगा ठीक वैसे

जैसे एक गुलाम अपने मालिक के पीछे-पीछे चलता है, लेकिन अराद गुला ने मुझे ऐसा करने की इजाज़त नहीं दी। उन्होंने मेरे कंधे पर हाथ रखकर कहा, 'मैंने तुम्हें हर जगह ढूंढा, फिर मैं आखिरी में स्वस्ति से मिला जिसने मुझे उस साहूकार के बारे में बताया, जिसने मुझे तुम्हारे मालिक तक पहुंचाया। उसने एक महँगा सौदा किया और मुझे बहुत अधिक क़ीमत चुकानी पड़ी, लेकिन तुम इसके लायक हो।

तुम्हारा ज्ञान और तुम्हारी व्यवहार- कुशलतासे ही मुझे अपनी इस नई सफलता तक पहुँचने के लिए प्रेरणा मिली थी।

मैंने उन्हें बीच में टोकते हुए कहा, "मेरा नहीं, मेगिद्दो का ज्ञान।"

"मगिद्दो का और तुम्हारा ज्ञान। तुम दोनों का मैं धन्यवाद करता हूँ, हम दमिश्क जा रहे हैं और मैं तुम्हें व्यापार में अपना साझीदार बनाना चाहता हूँ। उन्होंने कहा, 'देखना, अब एक पल में तुम एक स्वतंत्र आदमी बन जाओगे!' यह कहते हुए उन्होंने अपने वस्त्र के नीचे से मिट्टी की पट्टी निकाली, जो मेरी गुलामी का सबूत था। उन्होंने उसे उठाकर पत्थर पर फेंक दिया और वो चकनाचूर हो गया। ख़ुशी से मैं उन टुकड़ों को जब तक देखता रहा, तब तक वह मिट्टी में नहीं मिल गए।"

"कृतज्ञता के आँसू मेरी आँखों में भर गए। मैं जान चुका था कि मैं बैबिलोन में सबसे भाग्यशाली आदमी हूँ।"

"तुमने देखा, मेरे सबसे बड़े संकट के समय में, काम मेरा सबसे अच्छा दोस्त साबित हुआ। काम करने की मेरी इच्छा ने ही मुझे दीवारों पर काम कर रहें गुलामों के गिरोह में शामिल होने से बचाया। काम ने तुम्हारे दादाजी को भी इतना प्रभावित किया कि उन्होंने मुझे अपने साझीदार के रूप में चुना।"

फिर हदन गुला ने सवाल किया, "क्या काम ही मेरे दादाजी की सफलता की गुप्त कुंजी थी?"

शारु नादा ने जवाब दिया, "जब मैं उन्हें पहली बार मिला था, तब उनके पास काम ही एकमात्र सफलता की कुंजी थी। आपके दादाजी को काम करने में मज़ा आया। देवताओं ने उनके प्रयासों की सराहना की और उन्हें उदारतापूर्वक पुरस्कृत किया।"

हदन गुला सोच-समझकर बोला, "अब मैं समझ गया हूँ, काम ने उनके कई दोस्तों को आकर्षित किया जिन्होंने उनके उद्योग और इससे मिली सफलता की प्रशंसा की। काम ने ही उन्हें दमिश्क में इतना सम्मान दिलाया। काम ने ही उन्हें वे सभी चीज़ें दीं जिन्हें मैं पाना चाहता हूँ। और मुझे लगता था कि काम केवल गुलामों के लिए उपयुक्त है।"

शारु नादा ने टिप्पणी करते हुए कहा, "जीवन लोगों के आनंद लेने के लिए कई सुखों से समृद्ध है।"

"प्रत्येक आनंद का अपना स्थान होता है। मुझे ख़ुशी है कि काम सिर्फ गुलामों के लिए आरक्षित नहीं है। अगर ऐसा होता तो मैं अपने सबसे बड़े आनंद से वंचित रह जाता। मुझे बहुत सी चीज़ें पसंद हैं, लेकिन काम की जगह और कोई नहीं ले सकता।"

शारु नादा और हदन गुला बैबिलोन की ऊंची दीवारों की छाया में से निकलते हुए, कांस्य के विशाल द्वारों से शहर के अंदर दाख़िल हुए। उनके अंदर पहुंचते ही द्वार पर पहरेदारों ने सावधान की मुद्रा में खड़े होकर, एक सम्मानित नागरिक को सम्मानपूर्वक सलामी दी। सिर ऊंचा रखे हुए शारू नादा ने शहर के द्वारों और सड़कों के माध्यम से अपने लंबे कारवां का नेतृत्व किया।

हदन गुला ने उसे बताया, "मैंने हमेशा अपने दादा की तरह एक आदमी बनने की आशा की है। इससे पहले मैं यह नहीं जानता था कि वह किस तरह के आदमी थे। यह आपने मुझे बताया है। अब जब मैं समझ गया हूँ, तो मेरी नज़रों में उनके प्रति सम्मान और अधिक बढ़ गया है और उनके जैसा बनने के लिए मैं और अधिक दृढ़ संकल्प महसूस कर रहा हूँ। मुझे डर है कि उनकी सफलता की कुंजी को मुझे देने का यह एहसान मैं कभी नहीं उतार पाऊँगा या नहीं। आज से ही, मैं उनकी कुंजी का उपयोग करूंगा। मैं विनम्रतापूर्वक उनकी की ही तरह शुरुआत करूंगा, जो मेरे असली अवस्था को दर्शाएगी, जो इन गहनों और बढ़िया वस्त्रों से कहीं बेहतर है।"

इतना कहकर हदन गुला ने अपने कानों से मणियों की बाली को और अंगुलियों से अंगूठियों को उतार दिया। फिर अपने घोड़े पर लगाम लगाते हुए, वह पीछे हट गया और कारवां के नेता के पीछे सम्मान के साथ चलने लगा।

अनुवादक के बारे में

भावना बबेरवाल;

नई दिल्ली से ताल्लुक़ रखती हैं। देश के प्रतिष्ठित कोचिंग इंस्टिट्यूशन में बतौर कंटेंट राइटर कार्यरत।

जिम्मेदार और संवेदनशील लेखन के साथ काम के प्रति प्रतिबद्धता उनका अमूल्य गुण है।

हिन्दी अनुवादक के तौर पर मौलिक पहचान बनाने के लिए प्रयत्नशील।

इतिहास, शोध व प्रेरणाप्रद कहानियों-पुस्तकों पर लेखन-पाठन में रुचि।

LIST OF TITLES WITH ISBN NO.

ISBN	TITLE
9788194914129	1984
9789390575220	1984 & Animal Farm (2In1)
9789390575572	1984 & Animal Farm (2In1): The International Best-Selling Classics
9789390575848	35 Sonnets
9789390575329	A Clergyman's Daughter
9789390575923	A Study In Scarlet
9789390896097	A Tale Of Two Cities
9789390896837	Abide in Christ
9789390896202	Abraham Lincoln
9789390896912	Absolute Surrender
9789390896608	African American Classic Collection
9789390575305	Aldous Huxley: The Collected Works
9789390896141	An Autobiography of M. K. Gandhi
9789390575886	Animal Farm
9789390575619	Animal Farm & The Great Gatsby (2In1)
9789390575626	Animal Farm & We
9789390896158	Anna Karenina
9789390575534	Antic Hay
9789390896165	Antony & Cleopatra
9789390896172	As I Lay Dying
9789390896226	As You like it
9789390575671	At Your Command
9789390575350	Awakened Imagination
9789390575114	Be What You Wish
9789390896233	Believe In yourself
9789390896998	Best of Charles Darwin: The Origin of Species & Autobiography
9789390896684	Best Of Horror : Dracula And Frankenstein
9789390575503	Best Of Mark Twain (The Adventures of Tom Sawyer AND The Adventures of Huckleberry Finn)
9789390896769	Black History Collection
9789390575756	Brave New World, Animal Farm & 1984 (3in1)

9789390896240	Brother Karamzov
9789390575053	Bulleh Shah Poetry
9789390575725	Burmese Days
9789390896257	Bushido
9789390896066	Can't Hurt Me
9788194914112	Chanakya Neeti: With The Complete Sutras
9789390896042	Crime and Punishment
9789390575527	Crome Yellow
9789390575046	Down and Out in Paris and London
9789390896844	Dracula
9789390575442	Emersons Essays: The Complete First & Second Series (Self-Reliance & Other Essays)
9789390575749	Emma
9789390575817	Essential Tozer Collection - The Pursuit of God & The Purpose of Man
9789390896578	Fascism What It Is and How to Fight It
9789390575688	Feeling is the Secret
9789390575190	Five Lessons
9789390575954	Frankenstein
9789390575237	Franz Kafka: Collected Works
9789390575282	Franz Kafka: Short Stories
9789390575060	George Orwell Collected Works
9789390575077	George Orwell Essays
9789390575213	George Orwell Poems
9788194914150	Greatest Poetry Ever Written Vol 1
9788194914143	Greatest Poetry Ever Written Vol 1
9789390896301	Gulliver's Travel
9789390575961	Gunaho Ka Devta
9789390575893	H. P. Lovecraft Selected Stories Vol 1
9789390575978	H. P. Lovecraft Selected Stories Vol 2
9789390896059	Hamlet
9789390575022	His Last Bow: Some Reminiscences of Sherlock Holmes
9789390896134	History of Western Philosophy
9789390575121	Homage To Catalonia

ISBN	Title
9789390896219	How to develop self-confidence and Improve public Speaking
9789390896295	How to enjoy your life and your Job
9789390575633	How to own your own mind
9789390896318	How to read Human Nature
9789390896325	How to sell your way through the life
9789390896370	How to use the laws of mind
9789390896387	How to use the power of prayer
9789390896028	How to win friends & Influence People
9788194824176	How To Win Friends and Influence People
9789390896103	Humility The Beauty of Holiness
9789390896653	Imperialism the Highest Stage of Capitalism
9789390575084	In Our Time
9789390575169	In Our Time & Three Stories and Ten poems
9789390575145	James Allen: The Collected Works
9789390896189	Jesus Himself
9789390575480	Jo's Boys
9789390896394	Julius Caesar
9789390575404	Keep the Aspidistra Flying
9789390896400	Kidnapped
9789390896424	King Lear
9789390575824	Lady Susan
9789390896455	Law of Success
9789390896264	Lincoln The Unknown
9789390575565	Little Men
9789390575640	Little Women
9788194914174	Lost Horizon
9789390896462	Macbeth
9789390896929	Man Eaters of Kumaon
9789390896523	Man The Dwelling Place of God
9789390896349	Man The Dwelling Place of God
9789390575909	Mansfield Park
9788194914136	Manto Ki 25 Sarvshreshth Kahaniya
9789390896509	Marxism, Anarchism, Communism
9789390575664	Mathematical Principles of Natural Philosophy

9788194914198	Meditations
9789390575800	Mein Kampf
9789390575794	Memory How To Develop, Train, And Use It
9789390896486	Mind Power
9789390896585	Money
9789390575039	Mortal Coils
9789390575770	My Life and Work
9789390896035	Narrative of the Life of Frederick Douglass
9789390575152	Neville Goddard: The Collected Works
9789390575985	Northanger Abbey
9789390896530	Notes From Underground
9789390896547	Oliver Twist
9789390575459	On War
9789390575541	One, None and a Hundred Thousand
9789390896554	Othelo
9789390575435	Out Of This World
9789390575015	Persuasion
9789390575510	Prayer The Art Of Believing
9789390575091	Pride and Prejudice
9789390896561	Psychic Perception
9789390575381	Rabindranath Tagore - 5 Best Short Stories Vol 2
9789390575367	Rabindranath Tagore - Short Stories (Masters Collections Including The Childs Return)
9789390575374	Rabindranath Tagore 5 Best Short Stories Vol 1 (Including The Childs Return
9789390896622	Romeo & Juliet
9789390896127	Sanatana Dharma
9789390575596	Seedtime & Harvest
9789390896639	Selected Stories of Guy De Maupassant
9789390575206	Self-Reliance & Other Essays
9789390575176	Sense and Sensibility
9789390575299	Shyamchi Aai
9789390896738	Socialism Utopian and Scientific
9789390896646	Success Through a Positive Mental Attitude
9789390575428	The Adventures of Huckleberry Finn

ISBN	Title
9789390575183	The Adventures of Sherlock Holmes
9789390575343	The Adventures of Tom Sawyer
9789390896691	The Alchemy Of Happiness
9789390575862	The Art Of Public Speaking
9789390896288	The Autobiography Of Charles Darwin
9788194914181	The Best of Franz Kafka: The Metamorphosis & The Trial
9789390575008	The Call Of Cthulhu and Other Weird Tales
9789390575107	The Case-Book of Sherlock Holmes
9789390896110	The Castle Of Otranto
9789390896745	The Communist Manifesto
9789390575589	The Complete Fiction of H. P. Lovecraft
9789390575497	The Complete Works of Florence Scovel Shinn
9789390896820	The Conquest of Breard
9789390896813	The Diary of a Young Girl
9789390896332	The Diary of a Young Girl The Definitive Edition of the Worlds Most Famous Diary
9789390575701	The Great Gatsby, Animal Farm & 1984 (3In1)
9789390575312	The Greatest Works Of George Orwell (5 Books) Including 1984 & Non-Fiction
9789390575992	The Hound of Baskervilles
9789390896707	The Idiot
9789390896714	The Invisible Man
9789390575657	The Knowledge of the holy
9789390575558	The Law & the Promise
9789390896721	The Law Of Attraction
9789390896776	The Leader in you
9789390896363	The Life of Christ
9789390896196	The Man-Eating Leopard of Rudraprayag
9789390896783	The Master Key to Riches
9789390575268	The Memoirs Of Sherlock Holmes
9789390896479	The Midsummer Night's Dream
9789390575466	The Mill On The Floss
9789390896790	The Miracles of your mind
9789390896660	The Mutual Aid A Factor in Evolution
9789390896448	The Origin of Species

9789390896905	The Peter Kropotkin Anthology The Conquest of Bread & Mutual Aid A Factor of Evolution
9789390896806	The Picture of Dorian Gray
9789390896271	The Picture of Dorian Gray
9789390575275	The Power Of Awareness
9789390896356	The Power of Concentration
9788194824169	The Power of Positive Thinking
9789390575411	The Power of the Spoken Word
9788194914105	The Power Of Your Subconscious Mind
9789390896899	The Power of Your Subconscious Mind
9789390896417	The Principles of Communism
9789390575787	The Psychology Of Mans Possible Evolution
9789390896615	The Psychology of Salesmanship
9789390575732	The Pursuit of God
9789390575398	The Pursuit of Happiness
9789390896851	The Quick and Easy Way to effective Speaking
9789390575947	The Return Of Sherlock Holmes
9789390575138	The Road To Wigan Pier
9789390896981	The Root of the Righteous
9789390575855	The Science Of Being Well
9788194914167	The Science Of Getting Rich, The Science Of Being Great & The Science Of Being Well (3In1)
9789390896011	The Screwtape Letters
9789390896073	The Screwtape Letters
9789390575336	The Secret Door to Success
9789390575695	The Secret Of Imagining
9789390896868	The Secret Of Success
9789390896431	The Seven Last Words
9789390575930	The Sign of the Four
9789390896004	The Sonnets
9789390896516	The Souls of Black Folk
9789390896875	The Sound and The Fury
9789390575244	The State and Revolution
9789390896882	The Story of My Life
9789390896936	The Story Of Oriental Philosophy

9789390896752	The Strange Case of Dr. Jekyll and Mr. Hyde
9789390896943	The Tempest
9789390575916	The Valley Of Fear
9789390575879	The Wind in the willows
9789390896080	The Wind in the willows
9789390575763	Their eyes were watching gofd
9789390575831	Three Stories
9789390896950	Twelfth Night
9789390896592	Twelve Years a Slave
9789390896677	Up from Slavery
9789390896974	Value Price and Profit
9789390896967	Wake Up and Live
9789390896493	With Christ in the School of Prayer
9789390575602	Your Faith is Your Fortune
9789390575473	Your Infinite Power To Be Rich
9789390575251	Your Word is Your Wand
9789390575718	Youth
9789391316099	A Christmas Carol
9789391316105	A Doll's House
9789391316501	A Passage to India
9789391316709	A Portrait of the Artist as a Young Man
9789391316112	A Tale of Two Cities
9789391316747	A Tear and a Smile
9789391316167	Agnes Gray
9789391316174	Alice's Adventures in Wonderland
9789391316136	Anandamath
9789391316181	Anne Of Green Gables
9789391316754	Anthem
9789391316198	Around The World in 80 Days
9789391316013	As A Man Thinketh
9789391316242	Autobiography of a Yogi
9789391316266	Beyond Good and Evil
9789391316761	Bleak House
9789391316778	Chitra, a Play in One Act
9789391316310	David Copperfield

9789391316075	Demian
9789391316785	Dubliners
9789391316051	Favourite Tales from the Arabian Nights
9789391316235	Gitanjali
9789391316068	Gravity
9789391316150	Great Speeches of Abraham Lincoln
9789391316662	Guerilla Warfare
9789391316839	Kim
9789391316822	Mother
9789391316211	My Childhood
9789391316846	Nationalism
9789391316327	Oliver Twist
9789391316853	Pygmalion
9789391316334	Relativity: The Special and the General Theory
9789391316389	Scientific Healing Affirmation
9789391316341	Sons and Lovers
9789391316587	Tales from India
9789391316372	Tess of The D'Urbervilles
9789391316396	The Awakening and Selected Stories
9789391316402	The Bhagvad Gita
9789391316303	The Book of Enoch
9789391316228	The Canterville Ghost
9789391316907	The Dynamic Laws of Prosperity
9789391316006	The Great Gatsby
9789391316860	The Hungry Stones and Other Stories
9789391316433	The Idiot
9789391316440	The Importance of Being Earnest
9789391316297	The Light of Asia
9789391316914	The Madman His Parables and Poems
9789391316457	The Odyssey
9789391316921	The Picture of Dorian Gray
9789391316464	The Prince
9789391316938	The Prophet
9789391316945	The Republic
9789391316518	The Scarlet Letter

9789391316143	The Seven Laws of Teaching
9789391316525	The Story of My Experiments with Truth
9789391316532	The Tales of the Mother Goose
9789391316549	The Thirty Nine Steps
9789391316594	The Time Machine
9789391316600	The Turn of the Screw
9789391316983	The Upanishads
9789391316617	The Yellow Wallpaper
9789391316426	The Yoga Sutras of Patanjali
9789391316990	Ulysses
9789391316624	Utopia
9789391316679	Vanity Fair
9789391316020	What Is To Be Done
9789391316686	Within A Budding Grove
9789391316693	Women in Love

www.ingramcontent.com/pod-product-compliance
Lightning Source LLC
LaVergne TN
LVHW042152190726
843493LV00006B/1625